赫爾巴特的科學教育論

現代教育學之父

明瞭與聯想、系統與方法、興趣與德育、個性與社會，十九世紀最具影響力的教育思想

約翰・弗里德里希・赫爾巴特 —— 著　王曉晶 —— 譯

什麼才是真正的教育？
兒童的管理與心靈的塑造如何兼顧？
教育應建立在心理學基礎上，還是道德信念之上？

赫爾巴特為你重新定義「教育」的核心意義！

目錄

前言 　　　　　　　　　　　　　　　　　　　　005

第一章　兒童的管理　　　　　　　　　　　　　009

第二章　什麼是真正的教育　　　　　　　　　　029

第三章　教學的相關概念　　　　　　　　　　　053

第四章　教學的過程　　　　　　　　　　　　　079

第五章　教學的結果　　　　　　　　　　　　　123

第六章　關於訓育　　　　　　　　　　　　　　135

第七章　對訓育特殊性的考察　　　　　　　　　167

第八章　論大眾參與下的教育　　　　　　　　　193

第九章　論學校與生活的關係　　　　　　　　　209

前言

約翰‧弗里德里希‧赫爾巴特（西元 1776～1841 年），是 19 世紀德國教育學家、哲學家、心理學家，科學教育學的奠基人，在世界教育史上有「教育科學之父」、「現代教育學之父」之稱。

西元 1776 年 5 月 4 日，赫爾巴特在德國歐登堡的一個司法官家出生。西元 1794 年，赫爾巴特進入耶拿大學學習，上學期間就對康德（Immanuel Kant）、費希特（Johann Gottlieb Fichte）等人的哲學著作產生了濃厚的興趣，古希臘哲學家巴門尼德（Parmenides）關於一切存在都是統一的和不變的學說，對他產生了很大的影響。

西元 1799 年，赫爾巴特與德國另一位大教育家裴斯泰洛齊（Johann Heinrich Pestalozzi）相識，雖然裴斯泰洛齊讓他留下了很深的印象，但是不過裴氏觀點中的民主主義傾向並沒有得到赫爾巴特的認可。

西元 1802 年，在哥廷根大學獲得博士學位的赫爾巴特留校任教，7 年後，他又前往柯尼斯堡大學任教，講授哲學與教育學，並在此創立了教育研究所，應用他的教育原理訓

練教師。

西元 1833 年,赫爾巴特重回哥廷根大學任教。西元 1841 年,赫爾巴特去世,享壽 65 歲。

赫爾巴特在教育領域的貢獻卓著,他建立起近代教育史上第一個具有嚴密系統的經驗教育學體系,這是科學教育學誕生的重要象徵。在赫爾巴特的努力下,教育擺脫了形上學的束縛,不僅成為一門獨立的科學,還激起這一領域的革命性變革。赫爾巴特將教育從初級的某種思想與實踐制度發展成一門學術性學科,並創辦了世界上第一個對培訓教師的教育機構。

赫爾巴特的貢獻還表現在教育心理學領域,赫爾巴特最早將心理學與哲學、生理學分開,並明確指出心理學乃是一門科學,強調教育學一定要以心理學為基礎。赫爾巴特還試圖依據心理學的知識來揭示教育和教學的規律。可以說赫爾巴特為教育科學的發展指明了方向,成為之後一百多年教育學繁榮的源頭,堪稱教育心理學發展史的里程碑。

赫爾巴特還提出了著名四段教學法理論,也就是老師在教授學生的時候應該分為四步驟,分別是明瞭、聯想、系統、方法。

可以說,赫爾巴特建立了獨到的、對教育系統具有革命性意義的思想體系,奠定了他在教育學上的重要地位。

赫爾巴特一生著述頗豐，其代表作《普通教育學》(*Allgemeine Pädagogik: aus dem Zweck der Erziehung abgeleitet*)是公認的首部具有科學體系的教育學著作。本書編者從赫爾巴特的著作中精選若干文章集成本書，希望這位教育學史上巨人的真知灼見，在二百多年以後依然能夠閃耀光芒，照亮讀者的心靈。

第一章
兒童的管理

第一章　兒童的管理

　　這一章到底屬不屬於教育學範圍，或者不如把它歸入實踐哲學關於一般的論證管理問題的部分，這一點是存在爭議的。關心智育與僅僅想要維持秩序，這兩者顯然存在本質的區別。如果將前者稱為教育，如果這種工作需要特殊的藝術家——教育者，如果要讓具有高度修養的天才集中精力讓教育工作達到完美的程度，而把每一種教育藝術工作從所有別的龐雜的工作中分化出來，那麼，不僅為了概念的明確起見，而且處於形成一種出色的教育事業思考，我們希望讓那些必須看到兒童心靈最深處並對其產生影響的教師擺脫管理兒童的工作。但是，維持兒童秩序是一種父母樂意放棄的負擔；而對那些不得不和兒童生活在一起的人而言，這卻彷彿是他們義務中最滿意的一部分工作，因為這種工作讓他們得到了透過對別人發洩一點專橫並在某種程度上補償其從外界受到的壓迫的機會。所以，一個作者如果在教育學中對此表示緘默，就有被人說不懂得教育的可能。而事實上他也會因此責備自己的，因為把各種不一樣的工作混雜在一起，工作就做不好；但是如果把它們完全分開來，在實踐中這也同樣是不可能實現的。滿足於管理本身而不顧及教育，這種管理乃是壓迫心靈，而忽視了兒童不守秩序行為的教育，連兒童也不覺得它是教育。此外，如果不緊緊而靈巧地抓住管理的韁繩，那麼什麼課程都是進行不下去的。最後，要將屬於兒

童教養的一切工作,在真正的教育者與父母中間認真地分一下工的話,那麼就需要努力在分工的兩方面之間適當地建立連繫,讓他們相互取長補短。

第一章　兒童的管理

一、兒童管理的目的

兒童並不是帶著他們的意志來到這個世界的，是不能產生任何道德關係的，所以父母們就可以（一方面出於自發，另一方面為了適應社會需求）駕馭兒童，如同駕馭物具一樣。而且父母們非常明白，現在他們可以不徵詢兒童的意見，任意對待兒童，隨著時間的推移，在他們的孩子身上逐漸造就出一種意志來。而假如要避免那種雙方都不願意容忍的爭吵所導致的不調和態度的話，這種意志就是人們所必須具備的。然而兒童是很久以後才會具備意志的，一開始兒童並沒有形成一種能下決斷的真正意志，有的只是一種處處都會表現出來的不服從的烈性。這種烈性就是不守秩序的根源，它會將成人的安排擾亂，並把兒童未來的人格本身也置於種種危險之中。這種烈性一定要克服的，否則兒童不守秩序的行為就存在被認為是兒童監護人的過失的可能了。可以在兒童表現出具有真正意志的跡象之前，透過強制來實現的對烈性的克服，而且為了完全獲得成功，這種強制恰恰一定要是強而有力的，並且一定要經常重複使用。這也是實踐哲學的原理的要求。

但是，這種盲目的烈性情緒的苗子，這種原始的欲望，還會在兒童身上存在，甚至逐年增長擴大。因此為了讓那種

在烈性與欲望中成長起來的意志，不朝著反社會的傾向發展，經常對它們保持明顯的壓制就很有必要了。

隨著時間的推移，成年人和理智的有教養者會接受自己管理自己的任務。不過也有一部分人始終無法達到這種境地。社會就會將他們始終置於受監護的狀態，稱他們之中的一部分為白痴和浪人。也有些人的確養成了反社會的意志，社會與他們發生爭鬥是不可避免的。最終，他們往往都遭到了他們應得的報應。然而對社會本身來說，這種爭鬥也是一種應當避免的道德上的罪惡，而兒童管理就是許多必要的預防措施之一。

兒童管理有著多方面的目的：一是避免現在和將來對別人與兒童自己造成危害；二是避免不調和爭鬥本身；三是避免社會參與它沒有充分權力參與卻被迫要參與的那種衝突。

總而言之，這種管理並不是要在兒童心靈中實現什麼目的，而只是要創造一種秩序。但是讀者很快就會明白，培育兒童心靈，完全不能忽視管理。

第一章　兒童的管理

二、兒童管理的措施

所有管理首先採取的措施就是威脅。而所有的管理在運用威脅時，存在觸及兩種暗礁的危險：一方面有的本性頑強的兒童對任何威脅都很蔑視，勇於做他們想做的一切；另一方面是更多的兒童是過於軟弱，無法承受威脅，恐懼在他們身上反而會助長欲望。兩種結果，或此或彼是無法避免的。

兒童管理觸及第一種暗礁的情況很罕見，實際上不用擔心，只要不太遲的話，這正是進行真正教育的最佳時機。然而兒童在輕率狀態中表現出來的軟弱與健忘，讓純粹的威脅成為極不可信賴的手段，所以監督早就被視為兒童管理所不能缺少的方法了。與別的任何管理方式比起來，它在兒童管理中尤其不可或缺。

我基本不敢對監督公開表示自己的意見。至少我不想急於表示並給出詳盡的闡述。否則，父母與教育者們將會認真地認為這本書一定會造成危害。了解了太多的對公共教育機構內嚴格監督所造成的效果的相關事例，這可能是我的不幸，可能我就保障生命安全與四肢健康來看，過於相信這樣一種觀念了：一定要讓孩子與青少年勇於成為男子漢大丈夫。在這裡作簡短的提醒已綽綽有餘了，要知道對於監督者與被監督者來說，拘泥於細節的和經常的監督同樣是一種負

擔,所以雙方都往往在千方百計迴避它,並一有機會就會拋棄掉它。首先,要明白監督的需求將隨著其被使用的程度而增加,到了最後,任何停止監督的時刻都將導致非常大的危險;其次,要知道監督還會影響兒童自己控制自己,考驗自己,讓他們無法認識許許多多事物,而這些事物是永遠不會被引入到教育體系之中的,是他們只有透過自己探索才可以發現的;最後,要懂得由於所有這些原因,那種唯有從本人意志中產生的行為所構成的性格,將根據被監督者尋找到擺脫監督的出路的多少,要麼保持軟弱狀態,要麼變得古怪起來。這是長期進行監督的結果,很少發生在兒童的早年和具有特殊危險的短時期內;因為監督在這種危險時期當然可以被當成嚴格執行的義務。在這些可以被視為例外的情況下,人們一定要選擇最認真和最勤奮的監督者,而非真正的教育者;如果我們越是不能假定在這種情況下能給教育者機會施展本領,那麼在這方面就越會用錯了他們。如果要將監督當成常規的工作的話,那麼就無法要求那些成長於監督壓制之下的人們敏捷機智、行為自信,還具備創造力以及果敢的精神;我們也許只能期待產生這樣的人,他們永遠都是單調刻板的,習慣於不思改變、墨守成規俗套,而面對高尚與奇特的事件時畏縮不前,讓自身葬送在安逸、庸庸碌碌之中。不過在這個問題上,對我的意見表示贊成的人務必小心,不要覺得你們對孩子不加監督和教養,放任他們撒野就可以培養

第一章　兒童的管理

出偉大的品格來！教育乃是始終不渝地進行工作的一個重要整體，它要求要及時地從一個終點過渡到另一個終點上，只是避免了某些錯誤根本是無濟於事的！

當我接下來討論到兒童管理一定要給予兒童心靈以幫助——權威與愛——的時候，我的意見也許又接近其他教育家的觀點了。

心智服從權威，權威可以對其超出常規的活動進行約束，所以對撲滅一種傾向於正在形成的邪惡的意志是非常有幫助的。對於那些具有最活躍天性的人而言，權威是最不可缺少的，因為這些人不管善與惡，都會去嘗試，而只有當他們不迷失於惡時，才會選擇追隨善的腳步。但是人們只能透過卓越的智慧獲得權威，而正如大家知道的，無法規定卓越到什麼程度才能獲得權威。權威一定要將教育置之度外而單獨發揮作用。一種堅定不移而遠大的行為顯然始於足下，並一定要按照其本身的筆直的道路前進，觀察附近各種情況，而不為某些具有較軟弱意志的人的好惡所左右。假如一個輕率的孩子粗魯地闖進禁足的圈子，那麼一定要讓他感到他可能導致什麼樣的損害；假如他產生了要破壞的不良意向，那麼這種意圖，只要它已變成或者可能變成事實，都一定要給予充分的懲罰；但是如果他縱容對惡的意志，包括對冒犯別人的行為，則一定要讓他感到慚愧。兒童管理跟國家管理類

似,都不太能懲罰惡的意志。深刻地否定這種惡的意志,讓它受到挫傷,這乃是教育要做的事情。而這方面的教育工作,只有當管理將它的使命完成之後才能開始。在應用業已獲得的權威的時候,要求超越管理而考慮到真正的教育本身,因為雖然直接透過讓學生消極服從權威來培養他們的心智將一無所獲,不過這對於學生以後的思想範圍的限定或者擴大而言至關重要,他們將來要在這種思想範圍內更加自由地活動,並且完成獨立地創造自我。

愛的基礎是情感的和諧,同時還有適應。所以顯而易見,對於一個陌生人而言,要獲得愛有多難。一個孤僻的人,一個說話生硬還斤斤計較的人,他必然無法得到愛;而另外有一種與兒童親近的人,他們本來應該在樂意與兒童相處的同時慎重對待兒童,不過在參與兒童玩樂時他們卻追求自己的玩樂,這種人也是不會得到愛的。可以透過兩種方式產生愛所要求的感情和諧:教育者深入到學生的感情中去,非常巧妙地悄悄融合在學生的感情中;或者他想辦法讓學生的感情以某種方式接近他自己的感情。後者比較難,雖然如此,後者還是必須和前者結合在一起用的,因為只有當學生可以用某一種方式與教育者互動的時候,學生才能致力於發展他與教育者的關係。

然而如果孩子的愛沒有足夠的相應的反應加以充實的

第一章　兒童的管理

話，那麼一定會是反覆無常的！較長的時間、溫柔的愛撫、單獨的交流將讓這種關係得到加強。一旦獲得了愛，它就可以在多麼大的程度上緩解管理的困難，這是不言自明的。不過它對於真正的教育而言又是多麼重要（原因是它將教育者的心向告訴了學生），而應該對那些很樂意利用並很糟糕地利用愛來為自己隨心所欲支配兒童服務的人進行最嚴厲的譴責！

父親極自然地享有權威，因為所有的事都要服從他，所有的事要靠他，家庭的所有安排由他決定與改變，或者換一句更確切的話，母親也彷彿在讓所有對待事都順從他。這樣在他身上就非常明顯地呈現出智慧優勢來，這樣的優勢讓他有可能用幾句贊同的話，或者幾句否定的話，使人感到歡欣或者沮喪。

母親具有愛則是極為自然，再沒有誰可以像她那樣，可以透過各種犧牲去探索並學會理解兒童的需求；她早已為兒童準備和創造了一種語言，而且還是最早的找到傳授給小孩語言途徑的人；她那由性別決定的溫柔，讓她可以輕而易舉地懂得用和諧的聲音適應其孩子的感情，以致她永遠都不會誤用溫柔的力量，這種力量的效果也永遠不會喪失。

如果在需要進一步的管理方法之前，權威與愛始終是保持兒童最初服從的效果的最好方法的話，那麼我們希望可以

遵循這樣的一個原則：管理最好保留在那些自然地得到信賴的人手中；而相反，真正的教育，這裡指的主要是思想範圍的培養，也許只能出自那些接受過特殊訓練的人，那些可以讓人的思想範圍向四面八方伸展開去的人，以及那些在這方面能盡量精確地判斷什麼是較深湛、什麼是更高尚、什麼是更平坦、什麼是更艱險的人。但是，因為權威與愛對教育間接影響很大，所以兒童思想的培養者（顯然給予他的信賴始終只限於有限的允許範圍）不應當以傲慢的態度默默地、自成一體地，並排斥父母來進行他的工作，要不然就會因此破壞他們的影響力，這種影響力是他無法獲得補償的。

誠然，假如兒童的管理應當由父母以外的其他人來承擔的話，那麼這取決於能不能將管理安排得盡可能容易些。而這又取決於兒童的好動性和其活動餘地的關係。城市裡的兒童可能對很多人造成很多的破壞，在這裡必須要將他們限制在狹小的範圍內。兒童破壞的是如此之多，因為許多在一起的兒童相互作出的榜樣，會讓兒童的好動性得到刺激並成長。所以在城市的教育機構是最難以管理的，這些機構儘管被稱作教育機構，但其實是名不副實的，因為管理這裡尚且如此困難費力，進行教育就更不必提了。在鄉村的情況相反，只要不因為為兒童負責而作出各種對兒童而言往往過於謹小慎微的規定，那麼教育機構可能就可以充分利用活動範

第一章　兒童的管理

圍寬廣的優點。要知道這種規定的目的雖然是防止某種作惡的意志，事實上卻會導致必然的、最普遍的危害。然而教育者們完全有理由儘早考慮到向兒童提供大量受歡迎而無害的活動，以將他們那種很難阻止的不安穩消除。關於這一點的敘說很多，所以我完全可以不必多說了。管理會在那些環境可以讓兒童的活動本身找到有益軌道，並讓這些活動在其中完全發揮出來的地方，得到最好的效果。

三、以教育代替的管理

　　如果是迫不得已的情況,要透過壓制來確保的威脅、通常要了解兒童可能會遇到什麼的監督、互相聯結在一起的權威與愛,這些力量很容易在一定程度上得到兒童的尊重。不過弦繃得越緊,要將它調到完全正確的音調位置上需要的力就越大。毫不遲疑的服從,立即並完全樂意的服從,對於這種服從,教育者完全有理由將其視為他們的勝利。沒有人願意透過純粹的約束措施,徹底地透過軍事化的嚴厲方式來逼迫兒童服從,人們只能理智地把這種服從結合兒童本人的意志,並且只能將這種服從當成一種已經進行了一段時間的真正的教育的結果來期待。

　　假設學生已經有了一種強烈的感覺,能懂得到智慧的引導帶給他的好處,而缺乏這種引導,甚至沒有這種引導將會導致他的損失,那麼我們就能夠讓他懂得:需要建立一種完全穩定的、可以在任何場合都靠得住的關係,作為這種引導繼續下去的條件,同時需要給出直截了當的規定,只要教育者有理由提出要求,他就一定要馬上服從。當然這裡不是說盲目地服從,那是與所有的社交關係都格格不入的。不過在任何地方都會存在這樣的情況,那裡只能由一個人作判斷,而別人必須服從,還是毫無異議地服從。可是應當向剛剛被

第一章　兒童的管理

迫去做的他們解釋：為什麼如此決斷，為什麼不作另一種決定？意思就是，應當讓學生按照這樣的解釋在今後判斷教育者的命令。由此可見，對服從的必要性具有信念的兒童只能接受人們不是擅自作出的決定。在教育中也是這樣。一個外行的教育者如果擅自行使支配權，而這種權力既不是從父母那裡得來的，又不是被學生承認的，那麼他將會被徹底地毀滅在這裡。

四、在與管理的對照中看什麼是真正的教育

真正的教育也同樣知道能夠稱為強制的辦法。雖然真正的教育對待兒童從來不是生硬的，卻往往是非常嚴格的。它的極端形式透過在這種赤裸裸的話就表現了出來：「我要。」而這句話一下子可以不加補充地變換成意義相同的「我希望」來，以至於這兩句話必須慎重使用，原因是這兩句話是在對學生提出某種只能是例外的要求，即要他們放棄去了解並共同來討論要他們服從的理由，因此這兩句話說明了教育者所罕有的不滿以及造成這種非比尋常的態度的原因，這些原因是要學生尋找出來，並將其消除的。

在教育中，教育者不太會突然頑固地對學生提出他們很不情願接受的要求，也不太會頑固地忽視學生的願望，讓教育變得像管理一樣強制性十足。不管怎樣，教育者能夠暗示學生，並且要是有必要的話，可以直接提醒學生之前訂好的契約：「我們的關係只能在某種條件下存在並繼續。」然而，如果教育者確實不知道設法使自己獲得某種自由的地位，那麼這種方法顯然是沒有任何意義的。

第一章　兒童的管理

從這一時刻開始，教育者可以將平時對學生表示出來的親切與讚許停止了，而這種做法有一個前提，那就是一般教育者應當以各種人道的態度將學生作為人來對待，並也許應當以應有的充滿愛撫的情意，把學生當成可愛的孩子對待。而這裡包含了一個更高一層的先決條件：教育者應當感受到人類所能具備的所有美好與可愛的特質。最好別讓青少年接觸那種性格憂鬱，因而讓這種感受變得遲鈍起來的人。這種人是壓根得不到他們應有的諒解的。只有那種能夠大量地感受，因而也可以大量地回饋給他們的人，才能做到大量地剝奪他們，並透過這種作用得心應手地駕馭青少年的注意力和情緒。

然而如果他不打算為他們充分地犧牲他本人情緒方面的自由，那麼他是駕馭不了他們的！如果他的態度總是很冷漠，那麼他如何能將形形色色美好的智力活動賦予那些正處在輕率態度與體力成長高峰的兒童呢？而沒有這些活動，兒童就無法具備強烈的同情心，無法具備真正的鑑賞力，甚至也無法具備真正的、敏銳的理解力還有觀察的智慧。只有極少數人可以自己從那種我們將其稱為平庸的膚淺狀態裡超脫出來，只有極少數人能夠得到不同於教給他們的那種判斷智慧，從外在和內裡兩方面來培養自己。所以教育者一定要在辨識孩子的同時激勵他們。教育者一定要靈巧地運用那種可

以讓人在自身教育中受督促和鼓舞的感染力與約束力，從而把孩子的面貌回饋給孩子。

　　這種能力，教育者除了可以從他本身激動起來的心靈裡獲得以外，還可以從什麼地方獲得呢？當孩子事後感到他所表露的這樣那樣的念頭對教育者有了怎樣的影響時，這就說明他已從原始狀態中初步脫離出來，即教育最直接的效果。不過事先要感受這一點會要求一種個人情感上有一個艱苦的轉變，對於成人來說，這種轉變是不好適應的。而只有對於那些本身還處在致力於受教養的時期的人而言，才是自然的，也是適合的。所以，教育乃是年輕人的事情，自我批判的敏感性在年輕人的年齡階段達到了最高的程度；而事實上就其對更年輕一代的教育的角度來看，年輕人在這個年齡階段具有完美無缺的人的能力是最有幫助的，可以隨著讓可能變為現實的一切任務的完成，自己隨著對兒童的教育同時也是在接受教育。隨著時間的流逝，或者因為其欲望已得到滿足，或者希望消沉了，或者工作過於緊迫，年輕人對教育的那種興奮必然會消失，與此同時教育能力與愛好也會消失。

　　各種客觀情況決定了表達個人情緒所需要的語言多少。那種從來惜字如金的緘默性格，那種遲鈍的、缺乏抑揚頓挫能力的語言器官，那種不具備多種變化的表達，以致無法用莊嚴來表達不滿，無法用高興、熱忱來表達讚許——這一

第一章　兒童的管理

切必然會將最好的意志置於絕地，將最美好的感情置於窘迫之中。教育者在教育過程中需要講許多的話，並需要一些不用事先準備的言辭。這些言辭雖然不用有什麼藝術修飾，但是不能完全不在意表達的形式。

在教育過程中，那種必須擺脫生硬語氣的強調是必須要有的！除了某一種出人意料的表達方式，除了那種遞進的並在最終引起不安的鄭重言辭，除了那種可以形成或破壞對成功或失敗了的希望的思念的措施，還能從什麼有這種強調的效果呢？教育者應退回到自己的人格上，力爭擺脫那種對於他而言彷彿是一種嘲弄的不協調狀態；或者他應振作起來，掙脫那些束縛他施展本領的瑣屑事務。學生意識到自己面臨著各種紛亂的頭緒，於是他瞻前顧後，正確的原因或者恰當的方法在他的腦海中閃現。而當他準備去整理和了解這些頭緒時，教育者將馬上幫他將黑暗的雲霧撥開，幫他將分散的集中在一起，幫助他將困難克服，將動搖的鞏固。這些解釋確實太普通，太抽象了，讀者不妨自己舉例來說明它！

不應長久地和孩子過不去！不應故意跟孩子擺威風！不要搞神神祕祕的緘默！特別是不要擺出虛偽的友好！不管各種感情活動會發生多少變化，都一定要保持誠懇、坦率。

學生將會從他約略的了解與珍重教育者的感情中產生純真的服從態度，而在學生表現出這種態度以前，他一定會多

次試探教育者。不過當學生表現出了這種服從態度時，教育者的態度一定要更加穩重和一致，他不應當讓兒童懷疑他，好像兒童和他不能建立牢固的關係似的，好像兒童無法放心地寄託於他的心靈似的。

第一章　兒童的管理

第二章
什麼是真正的教育

第二章　什麼是真正的教育

　　教育藝術讓兒童的心靈激動而不再平靜，賦予它信任與愛，讓它可以隨意地被控制與激發起來，並在時間尚未來到之前，就將其投入到未來歲月的漩渦中去。在擔心受到譴責的人們眼中，可以用一種目的來為這些教育方式作辯護，而假如這種教育藝術無法實現目的的話，那麼這種教育藝術就成為一切劣等藝術中最令人憎惡的藝術。

　　「總有一天你會感激的！」教育者告訴啼哭的孩子。而事實上也只有這種希望可以拿來為他迫使孩子掉淚作辯護。但是他應當防止出於過分自信而過於頻繁地運用過於嚴厲的方法！並不是所有的善意都會得到感激的，所以當別人對此只能感到討厭的時候，如果還是將被自己曲解的熱誠看成善舉，那麼在這樣的人帶領的班級中就會出現一種很糟糕的做法。因此我們應當提出警告：不要進行過度的教育。要避免運用所有不必要的強制，這樣的強制可能讓兒童無所適從，也可能抑制他們的情緒，讓他們的樂趣毀滅；同時這還可能將他們今後對童年的美好回憶，乃至對教育者的真誠的謝意全都毀滅，而這將是他們對教育者唯一真誠的感謝！

　　那麼，我們是否寧可徹底放棄教育呢？是否要將我們的工作僅僅局限於管理方面，而且連管理也僅僅限制在最急需的部分呢？假如每個人都可以坦率地發表自己的看法的話，那麼很多人都會表示贊同的。這種在英國廣受讚譽的辦法也

將在我們這裡接受讚譽。而假如我們一旦陷入這種讚揚中，那麼就會對自己的管理不夠表示寬恕，這種失職容忍那些在幸福島嶼上有地位的年輕先生們享有形形色色的特權。讓我們將一切爭論撇開吧！對我們而言，問題僅僅在於：我們能不能預料未來人的目的，從而替他儘早掌握這些目的，並為他追求這些目的，讓他有一天對我們表示感激？如果是這樣，我們就不用別的各種進行教育的理由了，我們就可以愛兒童，並透過愛他們而去愛人類。愛是討厭疑惑不決的，和愛不希望絕對命令同一個道理。

第二章 什麼是真正的教育

一、教育的目的是單純的還是多方面的

為了努力實現科學的統一性,思想家常常人為地誤將很多性質相近的事物擠壓在一起,推論出他們之間相互的關係來,甚至陷入這樣的錯誤境地:根據知識的統一性推導出事物的統一性來,還用前者的統一性來假定後者的統一性。這些錯誤觀念卻並不會對教育學產生影響,甚至讓人感到有這樣的需求:用一種思想來理解像教育這樣一種工作的整體(它具有無窮多的部分,而各部分又是最緊密地連繫在一起的),計畫的統一性與精力的集中性可以透過這種思想顯示出來。假如注意一下教育研究必須得出的結果,以便讓該結果完全能夠得到應用,那麼我們就會被驅使去要求和假定教育研究結果不可能沒有這種統一性,並且在其中還將希望獲得教育原則的統一性。因此,有了多方面的問題:第一,假如這種統一性原則的確存在,那麼人們知不知道在一個概念之上建立一門科學的這種方法?第二,可能事實上存在於那裡的這種原則,是不是真的能產生一門完整的科學?第三,這種科學的結構以及它所產生的這種觀念是否唯一的,或者是否含有別的即使不太適當卻是自然的、不能完全排斥的成

分？我在另一篇論文中，按照這裡看來是必要的那種方法對教育的最高目的——道德進行了論證。經過鄭重考慮，我必須請求讀者把這篇文章（整部著作）與本書進行仔細的比較。至少我得假設大家是會去作這種比較的，這樣我就不必重複了。

至於讀者能不能正確地理解那篇論文，這首先由讀者能不能注意到德育應涉及教養的其他部分決定，即德育應把其他部分作為先決條件，只有在進行別的方面教養的過程中才能有把握地發展德育。希望不存在成見的人們不難覺察到，德育問題是無法和整個教育分離開來的，而是和別的教育問題存在必然的、廣泛而深遠的連繫。但是這篇論文自身可以表達，在一定程度上該文中論述的這種連繫沒有詳細地涉及教育的所有部分，而本來只要它們是存在於這種連繫中的話，就應當予以說明。關於我們不能置之不理的一般教養的直接價值，關於這方面的其他一些觀點，是非常迫切地需要作出解說的。所以，我堅信將德育放在首位的探討方法的確應當是教育的主要觀點，但並非唯一的觀點，不是可以概括一切的觀點。這裡要附帶說明，應當將那篇論文中業已開始的探索繼續下去，這種探索必須直接依靠哲學的完整體系來進行。不過現在，直到哲學探索在某時變得清清楚楚以前，教育還沒有時間休息。我們更希望教育學盡可能對哲學的懷

第二章　什麼是真正的教育

疑保持獨立性。基於這些理由，我在這裡採取這樣的辦法：讓其對讀者容易些，別誤入歧途；讓其對科學而言，各點都能顧及到。但是這對最後作全面思考與對整體作總結來說，在某種程度上都欠佳，因為在孤立地作出的思考中總會遺漏掉一些問題，而且在使各種現象達到最完美統一方面也會存在一定的欠缺。這些討論是針對那些感到有整理教育學的責任的人們的，或者說得更確切一點，是針對那些有用自己的方法去建立教育學的責任的人們的。

從教育的本質來看，不可能產生統一的教育目的。這是因為所有的都必須從這樣一種思想出發來進行思考：教育者要考慮到兒童的未來。所以，教育者當前必須關心學生將來作為成年人本身所要確立的目的，他一定要為讓孩子順利地達到這些目的而事先使其心裡作好準備。同時，他不應該挫傷未來成年人的活動，所以現在不應該把這些活動局限在幾方面，同樣透過分散這種活動來削弱它也是不應該的。活動的強度和廣度都是他不應該忽視的，今後兒童會重新向他索取被他忽視的事情。不管困難大小，有一點很明確：人的追求是多方面的，因此教育者所關心的也應該是多方面的。

不過我的意思並不是教育的多方面不容易歸納到一個或幾個主要的形式概念中去，相反，在我們看來，學生未來目的範圍馬上能夠分為：一種純粹可能的目的領域和一種完全

與此區分開來的必要的目的領域。關於前者，他也許將來總會掌握住，並在任何範圍內去追求的；至於後者，如果被忽略了，兒童是絕不會原諒自己的。一句話概括，教育目的可以區分為未來成人的 —— 既不是教育者的，也不是兒童的 —— 意向目的和道德目的。這兩個主要綱目對於每個人，只要他想得起倫理學最著名的基本思想的話，就會立即清楚的。

二、興趣的多方面性
── 道德性格的力量

1. 教育者怎樣才能在事先掌握學生只有在今後才有可能實現的目的

　　對於教育者而言，這種目的的對象作為純粹意向的事情是根本不感興趣的。只有未來成人的願望本身，乃至他出於這種願望對自己提出來的要求的總和，才是教育者本著善意去實現的對象；而學生必須賴以應付其自身各種要求的能力、原始的興趣和活動，在培養完美的人的思想的角度看，這些方面乃是教育者作出判斷的對象。所以，這裡浮現在我們眼前的不是個別目的的一定數量（個別目的不管在哪裡都是我們不能事先知道的），而主要是成長著的一代人的活動，即他那內在的和明顯地表露出來的活動力與敏捷性的總和。這種總和越大，越和諧，越廣泛，越充實，就越完美，而我們帶著善意要去實現目的也就有了越大的把握。

　　然而花朵切不可過分開放，圓滿的狀態也切不可在各方面過於分散而變成了它的弱點。人類社會早就發現必須要進行分工，這樣每個人都能將他所做的事做好。不過要做的事越局限，分得越細，那麼每個人從別的人那裡要接受的東西

也就越多。因為智慧的可接受性的基礎是各心智間接近的可能性，而後者的基礎又是相似的心智活動，因此不言而喻，在人類真正的較高階活動領域中，分工不應該分到讓所有人互相都不了解的程度。大家都一定要熱愛所有工作，每個人都一定要精通一種工作。然而這種專一的精通是各人意向中的事情，而多方面的可接受性，只能從個人從一開始就作出的多方面的努力中產生，這就是教育的任務。所以，我們將教育目的的第一部分叫做興趣的多方面性。

我們一定要將興趣的多方面性和過分強調多方面性，也就是對許多事情都淺嘗輒止區分開。因為意願的對象、意願的各個方向都不比別的東西更讓我們感興趣，因此為避免弱點與優點的並列，我們還得再加一個限制詞：平衡的多方面興趣。這樣我們能夠得到一種通常的表達：所有能力的和諧發展。與此同時，這樣的問題就產生了：心靈能力的多方面性意味著什麼？而各種能力的和諧發展又意味著什麼？

2. 教育者怎樣掌握學生的必要的目的

因為依據正確的理解，道德只有在個人的意志中才擁有它的地位，所以我們當然應該先這樣理解：德育絕非要發展某種外表的行為模式，而是要在學生的心靈中培養出明智及其適宜的意志。

第二章　什麼是真正的教育

　　這裡,我撇開了那種和培養上述意志緊密連繫的形上學方面的困難。誰懂得教育,誰就能夠將這些困難忘記;誰無法擺脫困難,誰就得在學習教育學以前學習形上學。各種推論的結果將會向他指出,對他來說,教育並非一種能夠實現的想法。

　　我觀察人生,發現許多人將道德視為一種約束,把它看成是生活本身的原則的人很少。大部分的人具有一種與善無關的性格,只有符合他意向的生活計畫;他們不過是偶然行善,而如果較好的行為能夠讓他們實現同一目標的話,他們就樂意避免做壞事。對他們來說,各種道德原則都是些無聊的東西,因為他們認為從這些原則中除了對思想過程處處產生約束以外別的什麼結果不會有;事實上如果有什麼方式能夠來對付這種約束的話,一定會得到他們的歡迎。當一個少年頑童相當大膽地犯了錯誤時,他們會同情他,他們會由衷地寬恕所有並非可笑、惡毒的過錯。如果德育的任務就是讓學生達到這個水準的話,那麼我們的工作就簡單了,我們只要關心學生不受侮辱,不受嘲笑,讓他們充滿自信地成長起來,並獲得和榮譽有關的某些原則。學生容易接受這些原則,因為這些原則講的榮譽是容易獲得的東西,而是一種自然所賦予他的占有,這種占有只需按照通常方式在某些情況下加以保護,讓它發生效力就可以了。不過,誰能夠為我們

擔保，未來的成人不會自己去尋求善良，將善良作為自己意志要實現的對象，作為生活目標和自我批判的準繩呢？到那個時候，誰來保護我們，去面對因此而受到的嚴厲批評呢？這種批評有可能是這樣的：未來的人要我們說出，為什麼在出現了培養善的機會時，我們卻擅自將這種機會放棄呢？這種機會也許能夠帶來真正可以提高智慧的良機，而絕無帶來「已受過教育」的自負的可能！這種例子是存在的。假如無心將事管好，勉強為他人做管理者，那麼絕對不可能順利的。好像沒有誰願意當一個具有嚴格道德觀念的成人受到嚴厲的譴責，就像他不願意誰無理地要求對他施加影響，讓他有可能變壞一樣。

　　因此，讓絕對明確、絕對純潔的正義與善的觀念成為意志的真正對象，以使性格內在的、真正的成分──個性的核心──按照這些觀念來決定性格本身，放棄其他一切意向，這就是德育的目標，而非其他。雖然當我簡短地說明正義與善的觀念時，人們不能徹底地理解我，不過好在倫理學畢竟還是全面透澈的，即使它從前曾以幸福論形式滿足於一知半解。總而言之，我說清楚了我的主要思想的。

第二章　什麼是真正的教育

三、以學生的個性為出發點

　　教育者力求教育的普遍性，而他的學生則是個別的人。

　　在有些經驗看來，在讓理智的生物作這樣那樣的轉化時會遭遇種種困難，而讓其發揮功能時（這種功能恰恰是很大的）的情況卻會相反，會比較容易。這些經驗我們必須毫無異議地接受，不必覺得心靈是由種種官能混合起來的，也不必覺得大腦是由各種能為大腦負擔部分工作的積極有助的器官構造成的。

　　不管怎樣要求，我們用實驗來證明腦子特質的彈性，而絕不去打著尊重這種特質的優越性作為藉口來為我們的惰性辯護。我們還是能夠預見，即使對人類作最純粹的、最成功的描述，這種描述同時也依然是對特殊的個人的說明。是的，我們甚至感到，為了不讓種族的一個純粹的範例在種族本身面前顯得微不足道，並無關緊要地被抹掉，我們一定要突出個性。我們終於懂得，為不一樣的人準備與確定不一樣的工作，這對人類的益處是多麼的大。同時，年輕人的個性是在教育者努力教育中日益顯露出來的。如果年輕人的個性沒有違背教育者的教育努力或者偏離了方向，以致產生第三種個性 —— 既不合學生，又不合教育者 —— 那麼這是很幸運的了！產生第三種個性的情況幾乎常常發生在那些根本不

知道與人打交道，所以也不懂得將孩子視為業已成為人的人身上。

　　從上述這一切中能夠得出關於教育目的的消極規定來——這種消極規定的重要程度，正如其難以遵守的程度一樣，即應當盡可能地避免對個性的侵犯。所以，我們對教育者有一個特殊的要求，那就是他要辨識他自己的癖性，當學生的行為與他的願望出現差異，且兩者之間又沒有實質性的優劣時，他一定要慎重考慮。他一定要馬上放棄他自己的願望，如果可能的話，甚至對這種願望的表達都應該予以抑制。不理性的父母會按照他們自己的好惡來打扮他們的兒女，就好像把各種油漆塗在沒刨過的木頭上。在孩子開始獨立的歲月中，這種油漆將會被強行抹去，但顯然，這個過程並非沒有損傷和痛苦的，因此真正的教育者即使無法阻止這樣做的話，那至少應當做到不參與進去。他應當從事他本身的那種永遠能夠在兒童心靈中找到寬廣而無人問津的活動餘地的建樹工作；勞而無功的工作他應當避免接受；他應當樂意不讓學生個性可以獲得的唯一榮譽枯萎凋零，即讓這種個性輪廓鮮明，乃至明顯地顯露出來。他為他自己尋找的榮譽則在於，在委託給他的、按他的意向教育的人身上，人們能夠清楚地看到人格的、家庭的、身世的和民族的等方面沒被塗抹過的特徵。

四、關於綜合考量上述不一樣的目的的需求

只要沒有將事實上存在的多方面的要求無視，我們闡明教育的意圖就不能從一點出發，除非我們一定要將多方面的要求歸納到一點上，作為我們單純的計畫的目的，否則我們的工作究竟從什麼地方開始呢？到什麼地方結束呢？怎麼樣擺脫那種種迥然不同的角度每時每刻向我們提出來的迫切要求呢？誰曾用心教育而不天天都感到一定要有一個統一的目的呢？誰想到教育而能不為呈現於眼前的各式各樣的問題和任務覺得吃驚呢？

個性是不是和多方面性相容呢？當我們培養個性時，我們可不可以存留多方面性呢？個性是突出的，多方面性是平平的，沒什麼稜角的，因為多方面性應當按照我們的要求被平衡地培養起來。個性是確定的，存在界限的；多方面興趣則是向四面八方各個方向延伸的。多方面性一定要作出自我的犧牲，而個性是不容易觸動，或者還有收縮起來的可能。多方面性變換地朝著各個方向移動，而個性卻安靜地停留在自身之中，以便總有一次可以猛烈地衝出來。

個性和性格是怎樣的關係呢？個性與性格彷彿是吻合的，或者說它們正好是相互排斥的。因為我們從性格上認識一個人，就應當從道德性格上去認識他，因此那種缺少道德的個人在道德方面是無法辨識的，相反能在許多別的個性特徵上被辨識出來。似乎正是這些特徵才是構成他性格的成分。

的確，最嚴重的困難在教育目的本身兩個主要的部分當中。多方面性怎麼可以接受被道德嚴格地限制呢？同時道德的謙恭所具有的莊嚴樸質怎麼可以容忍被五光十色的多方面興趣文飾呢？

假如教育學一旦突然抱怨，認為它在大體上是相當平庸地考慮的結果並被推行的，那麼這只能表示一個結果：它是聽從了那樣一些人的意見，他們關於人的解釋對我們幫助不大，不能讓我們擺脫這兩種看來必須相互調和的、可悲的觀點。因為，假如只是向上看到我們的最高目的，那麼個性與人世間的多方面興趣一般就會被遺忘掉，直到過不了多久連最高目的也被徹底遺忘為止。當人們迷惘地將道德置於對超驗力量的信仰中時，那麼無信仰者就會掌握了支配世界的實際權力與手段。

將前面論述中所缺少的一切一下子都彌補起來，我們在這裡都不敢想這個任務的！但願我們可以成功地進一步分析

第二章　什麼是真正的教育

清楚一些問題。認真仔細地剖析各種主要概念，也就是多方面性、興趣、性格、道德等，自然這是我們的主要工作，所以我們的確一定要盡全部的努力來對待它，而這也是我們提前為自己確定的。在作剖析的時候，這樣那樣的關係可能會自然而然地明確。不過，關於個性問題，它顯然是一種心理現象，所以，探討個性屬於前面提到過的教育學的第二部分。這部分必須以理論的觀念為基礎，而現在論述的卻必須是以實踐的觀念為基礎。

不過我們在這裡絕對不可以將個性撇在一邊，否則，我們將因為經常會想到它而受到干擾，對我們充分自信地去思索教育目的的主要部分造成妨礙。因此我們在這裡就必須採取一些步驟，用性格以及多方面性的分析來對個性的分析進行補償，然後才能將已經闡述的觀念與關係在思想上遷移到下列各篇中去，才能繼續從各方面對教育對象展開探討，而沒有失之偏頗。不過僅僅教條是絕不能完全代替自己親身體驗的。

五、個性與性格

　　每件事物之所以能夠與它同類的事物相區別開來，都是依靠它的個性。那種與眾不同的特徵一般稱為個體的性格，而「個性」與「性格」在用語上是混同在一起的。我們希望把兩個詞區分開，分別確定它們的含義。不過一旦我們談論到戲劇中的性格，或者談論到兒童缺乏性格時，我們立刻就能感覺到，性格這個詞，在另一方面被以「個性」這個意義應用。只有個性，這只能構成低劣的戲劇。而兒童即使沒什麼性格，卻也會有非常明顯的個性。兒童所缺乏的，也是戲劇人物所一定要表現的，是能用來刻劃作為理性動物的人的主要表徵，這就是意志，還是以嚴格的意義上來說的意志。這種意志是與情緒和要求的表露區別很大，因為情緒與要求並非堅定的，而意志卻不一樣，是堅定的。這種堅定性就是性格。

　　作出決定的意志是有意識的，而個性卻正好相反，是無意識的。個性是朦朧的根源。在我們心理學上的臆說看來，從這一種根源出發，人類始終是根據環境產生各式各樣的心理現象的。最後心理學家也將性格本身歸結為個性，而超驗的自由教師只看到業已形成的性格的表現，用無法踰越的鴻溝區分開思維世界與自然界。

第二章　什麼是真正的教育

　　這就是說，性格透過對個性的爭鬥來表現自己是幾乎不可避免的。因為性格是單純而頑強的，而個性卻不斷地從它的深處表現出其他的、新的念頭與欲望來。縱使個性的活動被征服了，個性還會透過多方面的敏感性與消極面來削弱決心的執行。

　　不只是道德的性格要這樣爭鬥，任何的性格都要這樣爭鬥，因為每一種性格都想要實現自己的那種徹底性。個人主義者、野心家，是戰勝了個性上的優良一面來實現自我的。罪惡的英雄與美德的英雄同樣也是憑藉戰勝自己來實現自我的。在滑稽的對立中，還有一些弱者為了有一種理論，也為了更加的徹底性，為他們的理論賦予這樣的原則：不爭鬥，而是任由其自行發展。顯然那種爭鬥是一種從光明衝向黑暗，從有意識進入無意識的艱鉅而奇特的爭鬥。深思熟慮地進行這種爭鬥，至少要好於頑固地進行這種爭鬥。

六、個性與多方面性

假如前面我們一定要將彼此混同在一起的事物區別開來的話,那麼在這裡,我們一定要削平突出來的事物。

多方面性是不存在性別、等級和時代差別的。它具有靈活性以及普遍存在的可接受性,對男女老少都適合,任意地存在於平民和貴族身上,存在於倫敦、巴黎、雅典和斯巴達。阿里斯托芬(Aristophanes)與柏拉圖(Plato)是它的朋友,然而沒有誰已經掌握了它。對於它來說,只有偏狹性才是罪惡。它對色彩注目,愛著最美麗的,嘲笑那被彎曲的,思索著最高尚的,並活動於每一種現象之中。對它而言,所有的事物都不是新的,但所有對它而言都是生氣勃勃的。習慣、偏見、憎惡與喪氣都無法觸動它。

就這一意義來說,具有特性的人並不是多方面的,因為他自己並不想要那樣。他既不想要接受一時產生的一切感覺,也不想要作為一切依附於他的人的朋友,更不想作為長著各種情緒果的樹木。他拒絕成為各種矛盾的中心。不過對於他來說,冷淡與爭論是同樣可憎的。他始終保持著熱忱與嚴肅。

第二章　什麼是真正的教育

　　更深一層次地來說，作為個人的特性，多方面性的概念總歸會融合到那些與它形象並不真正相符的概念中去的。

　　然而，個性有時會顯得十分突出，並有所要求；個性之所以這樣，就因為它是個性。對此，我們提出多方面性的形象來與它相對照，從而也能夠對兩者的要求加以比較。

　　我們承認這樣一點：個性可能和多方面性相互衝突，我們可能有理由認為，假如個性不允許存在平衡的多方面興趣的話，那麼實際上我們已經以多方面性的名義向個性宣戰了。然而一旦我們放棄了多方面性時，個性的活動範圍就會很大，去為自身選擇使命，進而陶醉在許許多多小習慣與對舒適的追求中，而這一切只要不超越其自身的限度，那麼對於心靈的敏感性與活動性也不會有傷害。前面已經作出了這樣的規定，教育者不應當提出與教育目的沒有關係的各種要求。

　　個性有許多，不過多方面性的觀念只有一個。各種個性就像部分包含在整體中那樣，全部都包含在多方面性中。部分能夠透過整體來測量，部分也能夠擴展為整體。它能夠透過教育來實現。

　　不過我們千萬不要覺得，這種擴展就像其他部分漸漸地附加到業已存在的部分上去那樣。整個多方面性始終浮現在教育者眼前，但是不斷地擴大或縮小。教育者的工作就是增

加其數量，而不會將其輪廓、比例和形式改變。只是這種工作如果是對個人的話，它就肯定會改變個人的輪廓，如同從一個不規則的多角體的某一個中心漸漸形成一個球一樣。不過這個球永遠不能包括最外層的突出部分。這些突出部分，也就是個性的強點，是可以將其保留下來的，只要不敗壞性格。整個輪廓能夠透過它們獲得這樣那樣的形式。在鑑賞力形成以後，將某一種相宜的特性與任何一種形式聯結起來就很容易了。不過，平衡地向所有方面擴展的興趣，其堅實的內容決定了一個人自身精神生活是否具備豐富性，因為這種精神生活並非很脆弱的，所以它只會因環境而發生轉變，而不會因命運而遭到毀滅。而正是因為合乎道德的生活藍圖是隨環境本身轉移的，所以多方面的教養讓人非常輕鬆愉快地轉向任何一種新的活動與生活方式中去，這些活動與生活方式一直都可能是最好的。個性越廣泛地與多方面性融合為一體，性格就越容易對個人進行駕馭。

　　我們就這樣將可以統一在教育目的各成分中的一切都統一起來了。

第二章　什麼是真正的教育

七、簡單討論一下真正教育的措施

　　興趣的根源是讓人感興趣的事物與活動。多方面的興趣就是於這些事物與活動的富源之中產生。教學的任務就是創造這種富源，並將其恰如其分地奉獻給兒童。這種教學將讓兒童繼續從經驗與交際開始的初步活動，並越來越充實。

　　為了讓性格向道德的方向發展，一定要讓個性彷彿浸入一種流體成分中那樣，按照環境狀況阻擋它或者有助於它流動，不過在大部分的情況下，讓它幾乎不會感覺到成分的存在。這種成分就是訓育。它主要是影響任性的，不過也會在一定程度上影響認知。

　　我在前面論述管理的時候已經提到訓育了，而在緒論中也提到過一些教學。在系統思考教育措施時，為什麼將教學放在第一位，而將訓育放在第二位？假如這個問題論述得還不夠清楚的話，那麼在這裡我再提醒大家一次，在注意這個論述時，請對多方面的興趣與道德性格之間的關係給予密切的注意。假如道德在多方面性中缺乏根基的話，那麼我們自然能夠有充分的理由撇開教學來探討訓育了；那樣教育者就必須直接控制個人，驅使他，激發他，讓善在他身上茁壯地生長起來，讓惡劣的習性徹底銷聲匿跡。教育者可以這樣問

自己：這樣一種人為的、被強調的單純的訓育現在是不是有可能？假如不可能，那麼教育者一定要有一切理由假定，人們首先應透過擴展了的興趣來改變個性，必須使其接近普通的形式，然後才能設想個性有對普遍適用的道德規律發生應變的可能；同時在對付過去業已變壞了的兒童時，除了要考慮他現有的個性之外，還應對他對新的和較好的思想範圍的可接受性與他接受它們的時機進行重點考量，以便在這種估計得出否定的結論時，能夠要求用嚴密而持久的管理來代替真正的教育。而在某些時候，這種管理一定要委託給國家或其他有影響的外界團體來承擔。

第二章　什麼是真正的教育

第三章
教學的相關概念

第三章　教學的相關概念

　　把人交給自然，或者甚至把人引向自然並讓自然來訓練是一種愚蠢的做法。這是因為什麼是人的自然本性呢？對於斯多葛派和伊比鳩魯派而言，自然本性都是他們體系中得意的支撐點。人類的天性彷彿適宜於最不一樣的各種條件，具有這樣的普遍性，以至於進一步確定其發展與促使其完善的工作徹底應當留給人類去做。用最高手藝建造的可以承受所有風浪顛簸的船，期待著這樣的舵手，他將按照各種情況掌握它的航程，指引它來到彼岸的目標。

　　我們清楚我們的目的。大自然有一些能夠幫助我們的地方，人類在業已經歷過的旅程中已經累積了大量的知識，把它們一個個連接起來就是我們的使命。

一、作為經驗與交際的補充的教學

人透過經驗獲得自然的理解，透過交際來獲得同情。誠然經驗是我們一輩子的老師，不過它僅僅賦予我們龐大整體中的極小的一個片段。無限的時間與空間讓我們不可能獲得無限多的經驗。也許交際相應地沒有這樣貧乏，因為我們對熟人的感受通常來說與對每個人的感受是一樣的。不過，同情基於極細微的差別，因此片面的同情要遠比片面的知識糟糕。所以對於我們來說，交際在小小的感情範圍中留下的缺陷與經驗在龐大的知識範圍中留下的缺陷，差不多是同樣重大的；不管是這方面還是那方面，都必須同樣地透過教學作為補充。

然而，單就彌補這樣重大的缺陷而言，已經不是什麼小事了。但願在我們賦予教學這種使命之前能夠懂得，什麼是教學能夠勝任的，什麼則是教育不能夠勝任的！教學將織出一根細弱、柔軟、纖長的線，時鐘的提醒將它扯斷，而又把它連接起來；教學按照其時間節拍進行，透過擾亂學生自己的智力活動速度，不給予這種活動休息的時間，不依隨這種活動的跳躍，從而讓教師織出來的線在無時無刻不繫住這種智力活動。觀察卻是多麼不一樣！它一下子可以展現廣闊的場面，目光從猝然驚愕中收回、分散、合併、往返、凝視、

第三章　教學的相關概念

　　停留、重新升起，然後出現觸動，別的感覺參與進來，思想集合起來，開始嘗試、從中產生新的形態和激發起新的思想，到處是自由而豐滿的生活，到處是提供人們享受的豐富內容！這種豐富的內容能夠在沒有要求和強迫的情況下提供這種內容，這是教學最希望實現的境地啊！

　　教學怎樣才能充分地與交際進行競爭呢？交際不時地要求表達其自身的力量，作為完全靈活而可塑的因素以讓人能夠接受的方式顯示出來，就像它靈活地、有力地觸及心靈深處，以讓各種感受得到改造並融合起來一樣。它不僅讓對別人的感情產生的同情豐富起來，而且讓自己的感情在別人心中增值起來，好讓這種感情強而有力地、純潔地回饋給我們自己。假如後一種優點是個人直接接觸所特有的，那麼與此相比透過信件的交際就顯得弱了，比如在單純描述遙遠的時間和地方的陌生人的陌生感情時，這種優點必然會喪失殆盡，教學卻能夠透過描述來擴大交際範圍。

　　事實上，有誰在教育中想撇開經驗與交際，那就好像避開白天而對燭光很滿足一樣。對於我們所有的觀念來說，那些豐富的、強烈的、具有獨特明確性的內容，應用一般經驗的練習內容，與實際、國家和時間的連繫方法，對於人的客觀現狀的忍耐心，這些都一定要從精神生活的交際與經驗這泉源中獲得。

然而可惜的是，教育是無法支配經驗與交際的！我們試著比較一個勤奮農家的莊園的環境，和一個生活在城市的時髦婦人的宮殿一樣的環境。前者能夠將學生引向各處，後者卻一定會阻止他走向各處。不管是誰，是農民、獵人、牧人、各種工人，還是他們的孩子，不管他們把孩子帶往什麼地方，在早年，孩子都能和他們進行最合適的交際，向他們學習，並在他們那裡汲取知識。相反的是，在上流家庭的城市兒童中間，在城市僕人中間，卻有著那麼多的危險！

這一切容許有很多嚴格的限制，也容許各式各樣的例外。不過最後我們重新回憶起我們的目標、興趣的多方面性的時候，很容易就會想起，固定在一個地方的機會是多麼局限，而一個受過真正教養的心靈應該超出它很遠很遠。即使在有利的地方，活動範圍也是受限的，就像限制了某一個沒有必要受限制的年輕人的教育，而我們無法為此負責一樣。假如他有時間並且有一位教師的話，那麼這位教師就一定會透過各種描述來擴大自己的影響範圍，從時間中索取過去的光輝，並為各種觀念將精神王國的大門打開。

我們是不是應當隱瞞這樣的事實：描述與繪畫中的空間通常要比現實可愛；與太古時代互動比與鄰居交流顯得更加高超，也更能令人滿足；直觀的理解不如觀念的理解豐富；而對於行動來說，在現實與應有而未有的事物之間的對照是

第三章　教學的相關概念

必不可少的？

　　經驗與交際的確總讓我們覺得厭倦，而有時候我們不得不忍受。但是，學生沒有必要忍受教師帶來的厭倦！讓人厭倦乃是教學的最大罪惡。教學的特權就是掠過沼澤與草地，不能總是讓人遊蕩於舒適的山谷當中，而是相反的讓人練習登山，並讓人在獲得廣闊視野中得到補償。

　　經驗好像考慮到教學將隨之而來，以分析經驗所累積的東西，讓那些沒有定形的分散的片段得到組合，也實現條理化。在一個沒有受過教學的人的頭腦中，這一切到底會是什麼樣的呢？那裡沒有確定的上下之分，次序根本沒有，所有的都是雜亂無章的。他的思想還沒有學會等待，一有機會所有的思緒就都會湧現出來；聯想的線索刺激起何等多的思緒，有何等多的思緒馬上在它的意識中找到位置。大部分透過頻繁重複的印象得到強化的思想將會發揮作用。這些思想將適合它們的一切吸收，對不適合它們的一切排斥。新的東西將會讓人感到驚訝，或者被忽略，或者被懷舊心理所否定。只要是無法和這些思想協調的，就會被分離出去。要點在這些兒童的思想中將會被忽視。或者，即使天性良好的兒童目光可能出色，但還是缺少去追蹤已發現的足跡的方法。假如我們開始教育一個10歲到15歲的粗野孩子，那麼我們就能夠看到這一點。剛開始也許不可能將其注意力引到單調

的程序中去。因為沒有能夠發揮支配作用的主要思想來維持秩序，因為沒有觀念的約束，所以心靈就始終在不安地徘徊。隨著好奇而來的是單純的嬉戲和注意力分散。要是把這種孩子和受過教養的青少年比較，那麼對於後者而言，有條不紊地在同一時期掌握一系列帶有科學性的講述並予以加工，並沒有顯得多難。

單純交際的結果同樣不能讓人們滿足。假如同情始終被當成交際的靈魂，那麼其中所匱乏的就太多了。人們相互觀望、試探並揣測。兒童在他們遊戲時已經掌握相互利用和阻礙了。甚至一方發出的愛和善意，並不一定會引起另一方類似的感受。人們無法用服務來傳遞仁愛。雖然只是施以好意而不加關切可以引起快樂，而快樂則能夠引起追求更多快樂的欲望，但無法引起感激。兒童之間的交際中有這種情況，兒童與成人的交際中也有。這種情況只要是試圖從兒童那裡獲得愛的教育者都曾有過親身的體驗。教育者必須補充一些能夠將其意圖說明的東西，其感情的流露必須激發起兒童本人和他一致的感情。這種流露是應當出現在教學範圍內的，甚至應當出現在各種特定的課上。無疑沒有誰總去逼著教育者流露自己的感情，但是作為同情的準備，其對感染兒童來說卻是至關重要的，因此對同情的關切應當一點不亞於對理解的關切。

第三章　教學的相關概念

　　對人類的全部觀察，證明所有的人都在從他的經驗與他的交際中吸取適合他自己的一切，同時將他原有的觀念與感情展現出來。人世間有各種輕浮的老人，也有愚蠢的庸人，而在另一方面還有謹慎的青少年存在。這兩者我都見過。每個跟我同時代的人也都看到過，世上最重大的事件對於成見所能產生的影響是多麼的微小。這些極其顯著的經驗是我們共同的財富，交際將所有的民族聯結在一起。但是，意見分歧、感情不睦，很難說過去比現在更嚴重。

　　所以，我們精神生活的核心只透過經驗與交際來培養一定不會是卓有成效的。而教學一定可以較深入地滲透到思考工場中去。想一想每一種宗教教義的威力吧！想一想一種哲學演講的支配力，它是怎樣輕而易舉甚至不知不覺地影響了一個聚精會神的聽眾的！此外，還可想一想小說讀物的驚人力量，因為這些都屬於教學，無論是好的教學還是壞的教學。

　　自然，現在的教學限於科學、藝術和文學方面截至現在（不只是現在，還是過去）已形成的狀況。在這方面一定要盡可能地利用既存的認知，即使這些認知還能夠進行大量的完善工作。但是問題是，在教育中往往會碰到各式各樣的願望，它們超越教育範圍，或者甚至讓人認為對教育的興趣並非一種獨立的興趣，並讓人覺得有一些人只是因為別的所有

工作對於他們而言太高超和嚴肅，而為了在某個地方成為一個為首者，才姑且從事教育和兒童工作的，因此想讓教育的興趣在他們的心目中得到發展很難。

教育的興趣僅僅是我們對世界與人的所有興趣的表現中的一種，而教學把這種興趣的所有對象集中於年輕人的心胸中，也就是未來成人的心胸中。在這種興趣中我們不敢奢望得到的希望終於能夠得救了。教學要是沒有這種興趣，顯然是乏味空洞的。不管是誰都千萬不要說他執教是全心全意的！因為這是一種空談。他要麼可能在教育中碌碌無為，要麼他的大半思考屬於告知孩子什麼和讓孩子可以了解什麼，屬於他的期望，也就是期望那種受過比較細心教養的人將能在我們人類迄今已有的所有現象以外有所作為。不過假如是後一種情況，那麼教學內容的豐富性就會從充滿希望的心靈中誕生，這種豐富性能夠和經驗的豐富性相比擬。於是，激動的心情也讓聽眾自然地感動了。在這種教學的寬廣而富有折紋的牆布上空間足夠廣闊，讓講述的實質內容可以在確保其形式純潔的情況下引出許許多多附帶思想。教育者本身對於學生而言，也將是一種直接而豐富的經驗對象。是這樣的，他們在課堂上相互進行交際，至少在這種交際中包含了和太古時代偉人或者與詩人所清楚描寫的人物之間進行交際的想像。那些已故的歷史人物、詩歌中的人物，能夠從教師

生活當中獲得生命。他只要一開始教學，那麼年輕人甚至包括孩子也立即會隨著他的想像而想像。教師與學生兩者，常常不必有第三者的參與，就能相互成為偉大的夥伴。

最後，只有教學才能讓培養廣泛的多方面性的要求實現平衡。我們應當設想出一種教學方案，一開始只是帶著理解與同情的成分來安排，根本沒有考慮我們科學材料的各種分類，因為這些材料本身對於人格各個方面來說並沒有什麼區別的，與多方面性的平衡發展是沒有任何關係的。比較這種方案我們很容易發現，就某一個主體與已知的情況來說，教學的哪些地方應當具有交際和經驗的作用，哪些地方（這顯然要遠多於前者）卻不會發揮什麼作用。比如可以發現，學生常常更容易被環境引導到對社會的興趣（如愛國的興趣）上去，而不易被引導到對個人的同情上去，或者更容易引起他對鑑賞的事物而非對推想的事物的注意，或者情況正好相反。這兩種情況中的缺點一樣大。這裡可供參考的有雙重做法，首先應當在材料有所偏重的地方對它們作出分析、補充以及調整；其次應當部分地透過材料彼此間的連繫，部分地直接透過教學，以求恢復平衡。但是絕不可以在可塑的年齡階段，將兒童偶然突出的表現視為透過教育可以更大地發揮出來的象徵。這種保護畸形者的做法是從寵愛發展到放任的產物，低等趣味所推崇的這是這個。自然，那些光怪陸離與

荒誕無稽的愛好者肯定會欣賞一群駝背的人和各種殘疾人像瘋了似的相互嬉鬧，而不願看一些發育良好與勻稱的人步調一致的行動。這就彷彿發生在這樣一個社會中，這個社會由那些具有相互有別的思想方式的人組成，這些人中的每一個都以他的個性來炫耀自己，而且誰都不能理解別人。

二、教學的步驟

> 我首先選取的是什麼,其次是什麼,最後是什麼。
>
> —— 荷馬(Homer)

什麼是必須相繼地,並一個透過另一個發生的?什麼是一定要同時藉助本身的以及原始的力量才能發生的?這些問題關係到所有的工作、所有的計畫,其中可能包含十分錯綜複雜的措施。因為我們始終必須同時從許多方面著手工作,許多工作也始終必須透過先前進行的工作做好準備。可以說這是我們賴以為指南的兩個因素。

我們之前談到的觀念告訴我們,教學一定要將理解與同情作為相互有別、基本上獨立的心理狀態同時加以發展。假如我們對其附屬的成分進行觀察,那麼其中雖然有著某種次序與相互依賴的關係,但是並不存在嚴格的連貫性。儘管推想與鑑賞的前提是經驗認知,不過在這種認知不斷前進時,推想與鑑賞彷彿並不期待著自身的終結。它們甚至在很早的時候就活躍起來了,從這來時,它們到處也就是在沒有障礙的地方尾隨著認知,從而隨各式各樣純粹認知的擴大而同時發展著。在兒童不斷提出「為什麼?」的時期所產生的猜想衝動顯得尤其令人注目。可能鑑賞往往隱蔽在注意和同情的

別的活動中。不過鑑賞始終對兒童產生愛好與憎惡，從而了解事物的區別是有幫助的。假如我們對鑑賞先給予最簡單的情況，而不是馬上就將其投入不可理解的複雜情況中去，那麼它將會怎麼迅速地發展呢？因為鑑賞和思考是一種本源的東西，是不能靠學習得到的，所以如果心靈不為其他方面所分散或壓抑的話，我們甚至能夠將經驗撇開，期待這兩者在充分理解的對象範圍中毫不遲疑地自己活動起來。不過有一點是不言而喻的，教育者為了要發覺什麼在兒童心靈中活動，自己就需要具有那種他們可以在兒童心靈中察覺到細微跡象的教養。而恰恰教育的不幸就在這裡：在柔弱的年輕時期閃爍著的某些微光，到成年時早就徹底熄滅了，所以成人沒有將那些微光燃成火焰的能力。

上面說的對於同情的各成分也是同樣適用的。在一小組兒童中，只要他們有一些同情心，並且歷久不衰，那麼就可以自動地產生某一種需求，站在公共利益的角度而要求社會秩序的存在。就像最野蠻的民族不能沒有上帝那樣，兒童的心靈也可以隱隱約約地感覺到一種冥冥力量的存在，這種力量會這樣那樣地對他們的願望進行干預。否則，不僅各種迷信的觀念，還有各種真正的宗教觀念，它們怎樣可以輕而易舉地進入兒童幼小的心靈並發揮影響呢？但是對於一個嚴重依賴其父母與保護人的兒童而言，依賴性的感覺一般賦予那

第三章 教學的相關概念

種冥冥力量的地位會自然而然地被這些具體的人所占據。所以最初的宗教教學,只是一種父母對於兒童的關係的最普通的擴展,就像最初的社會觀念是來自於家庭的那樣。

所以,教學所應培植的各種興趣,在我們看來只有同時不同時的差異,而不具備明顯的步驟上的先後。

相反,最初形成的基本的形式概念產生的基礎卻是那種必然相繼連續發生的概念對照。所以正確地應用這一點認知是關鍵。

總而言之,專心活動應當在審思活動之前發生。不過兩者前後離開多遠,這個問題通常還是不確定的。但是一定要讓兩者盡可能地相互接近,因為我們並不想達到專心而來損害那種透過審思獲得的人格的統一性,這一點是肯定的。長期不斷的專心活動也許會造成一種緊張狀態,這和健全的精神存在於健康的身體的原則是衝突的。所以,為了確保心靈的一貫性,我們首先要為教學確定這樣一條規則:在教學對象的每一個最小組合中賦予專心活動與審思活動同樣的權利,即同等地關心並依次做到,對於每一個個別事物的了解,對於很多事物的聯想,對於聯想的前後一貫次序以及在遵循這個次序前進中進行某種練習。要使所教的一切都可以清楚明白就靠這個了。可能教師在這方面最大的困難就是找出真正的個別來,也就是他自己將他的思想分成若干成分,

在這裡，教科書能夠為此作好一部分的準備。

假如教學用這種方式來處理對象的每個小的組合，那麼在學生心靈中會產生許多組合，而學生透過相當的專心掌握每一個組合，直到一切組合被聯合到一種更高階的審思活動中去。不過，各個組合的聯合的前提是每一個組合完備的統一性。因此，只要每個組合的組成部分的最後的個別還有可能離開其餘部分，那麼就無法設想較高階的審思活動。然而在較高階的審思活動之上還有更高階的審思活動，這樣無限上升，一直到無所不包的最高階審思活動。但是，我們不可能透過各種系統中的某一系統來找尋這種最高階審思活動。青少年在他們的早期一定要將這樣做的企圖放棄。青少年往往處在專心與分心的中間狀態。早期教學無法給予我們所謂較高意義上的系統，對此我們可能應該覺得滿足；不過從另一個角度來說，教學越是要讓每一組合更加清楚，我們就越需勤奮和多樣地聯合起各個組合，並且注意等量地從各方面向這無所不包的審思活動接近。

教學的環節就要以上面這一點為基礎。較大的構成部分由較小的構成部分組成，就像較小的是由最小的組成一樣。應當將每一個最小的構成部分區分出四個教學階段，一定要關注清楚、聯合、次序與按這種次序發展的流程。在最小構成部分中，這些階段是一個接著一個地、迅速地發生的，而

第三章　教學的相關概念

在下一個較大的構成部分要由最小的構成部分組合起來時，這些階段就一個接著一個地、較慢地出現了，因為審思階段達到的作用越高，前後出現的時間距離就越大。

假如我們對關於興趣概念的分析進行一下回顧，那麼我們也會發現其中幾個相區別的階段：注意、期望、要求和行動。

注意基於一種與其他偏離它的觀念相對立的觀念力量，所以它一方面依靠這種觀念力量的絕對強度，另一方面則依靠別的觀念離開的容易程度。後者讓我們聯想起思考訓練的觀念，我已在《直觀教學ABC》(*Pestalozzi's Idee eines ABC der Anschauung als ein Cyklus von Vorübungen im Auffassen der Gestalten*)中著重探討了這種觀念。觀念的強度，一部分是透過感官印象（比如許多兒童同時進行的言談，透過繪畫、工具及模型等多種多樣地描繪同一種對象）來實現的，一部分是透過生動的描述來實現的，而另一部分則是特別地透過使那種扎根在心靈深處的、業已熟悉的觀念與當前新的觀念相結合來實現的。這種結合的普遍實現依賴於高度的藝術與周密的思考。進行這種工作應當為未來的每一種教學預先作好某種準備，就像《直觀教學ABC》為教數學、組詞的遊戲為教語法、講述古代故事為教經典作家作好準備是同樣的道理。

在注意中，個別事物可以是清楚的，不過聯合、次序和按次序發展的流程也是一定要關注的。

我們存在著對系統與方法的期待，如同存在我們期待的清楚與我們期待的聯合一樣。

不過這裡讓我們感興趣的並不是這種錯綜複雜的關係。我們明白，當被期待的出現時，只能產生一種新的注意。在獲得知識的階段一般都是這種情況。當一些知識的儲備彙集在一起時，那些與期待毫無連繫的事物就不容易注意到了，所以期待就會消失，或由於獲得新的知識而得到滿足。假如有了強烈的欲望，那麼它們將服從控制的規律，所以屬於訓育的範圍。不過還有一種注意，它既很難得到滿足，也很難被忘卻；同時還有一種要求，它是一定要過渡到行動的，也就是同情的要求。在這方面，控制工作施展不了多大的權威，假如教育無法給予學生確立為人類福利與社會福利而工作的決心，也給予不了學生的宗教要求以一定動力，那麼這將是一種徒勞的教育。所以，在培養同情心時，應對興趣予以重視，讓其可以達到更高階的階段。而顯然，人的年齡階段是和這些階段相吻合的。同情的注意是適合兒童去做的，同情的期望是適合少年去做的，同情的要求是適合年輕人去做的，而成人則可以為實現同情而付諸行動。在這一方面，教學環節卻又能夠在屬於兒童早年最小的各部分上提出那種

069

第三章　教學的相關概念

希望他們付諸行動的要求來。由於這種要求的提出，由於性格的形成同時發揮作用，在後來的年月中就可能對他們提出採取行動的有力要求。

這裡似乎可以用簡短而易懂的話把相關結論確定下來。教學一般應當：

指明→聯結→教導→給予哲學的觀點。

在和同情有關的事項中，教學應當是：直覺的，連續的，令人振奮的，深入現實的。

三、教學的材料

教學的材料存在於各種科學中。不必在這本《普通教育學》中將其一一列舉。

每個人應當自問,在其知識範圍中,哪些是屬於純粹理解的,哪些是屬於同情的,而且在上述各種成分中,這兩者的分布又是怎樣的。在大部分的情況下,這樣一種自我檢驗將會將自身教養的顯著的畸形狀態,甚至在自身教養的重要部分中存在著的不少殘缺不全的地方揭示出來。有些人不具備情趣的陶冶,他們也許從事過很低水準的各種美的藝術——描繪花卉,寫一點小品詩歌、音樂或小說;有些人對數學一竅不通;還有一些人根本不懂哲學。最有學問的人可能陷入長長的思索:到底在他們知識的廣闊王國的哪裡能夠找到我們稱之為同情的那完整的一部分呢?

教育將不可避免地忍受這一切缺陷。它具體可以忍受多少這是很懸殊的。這由教育者決定,由學生決定,由或有或無的機遇決定。

教育者越忠實於自己,對現存的情況的利用也就越熟練,其結果也就越好。對於各種不同情況作出的每一種思考全都顯得遲鈍的人是很少的。只要真正願意,很多事情都是

第三章　教學的相關概念

可以學的,甚至在教時還可以學。有時本人興趣的新奇性能夠彌補講述根底的不足。成人要比青少年略勝一籌,這並不是非常困難的。這種做法至少要遠遠好於完全忽視教養的主要部分,而僅傳授教育者自己業已掌握的極其有限的技巧與知識。

有的時候,教師只需在某些事情上給予學生初步的推動,並繼續關注引起他們的動機,向他們提供材料,他們就會自己進行學習,並且可能沒多久就能擺脫教師的照料。在另外一些情況下,在腦子遲鈍的人身上去發現某種靈活性、某種引人注目的興趣跡象,這顯然很不容易。正是在這種情況下才需要教師具有大量知識,才便能夠多方面地嘗試,並需要最高超的技巧來發現最合適的教學方式。如果教育者與學生的弱點無法相互彌補,那麼所有都無從下手了。

在我們附近常常有人知道怎樣將我們不了解而又認為必須教的事物恰到好處地傳授給別人。在此時,謹請教育者不要因為自己的虛榮心而妨礙對這種人的利用。事實上,這並非一種恥辱的表示,也許沒有誰能夠做到了解可以進行教育的一切,因為知識實在太多了。

至於教學的各種內容怎樣在這方面和前面已經闡述過的主要概念連繫起來加以說明,這個問題將在下章中簡略地闡述以下。這裡還是先說明的是教學內容的區別,這種區別或

多或少能夠間接激發起我們對這些內容的興趣。

　　這就是說，教學涉及：事物，形式，符號。

　　符號，比如語言，顯然只是作為表現其要表達的事物的工具，才成為的興趣對象。形式，也就是抽象地從事物中分解出來的普遍現象，比如數學圖形、形上學的概念、美的藝術中簡單的正常的關係，這些形式至少不僅可以直接引起興趣，還可以引起應用它們的思考。但是，如果誰要談起事物本身、自然作品與藝術作品、人、家庭與國家，說什麼它們只有在為實現我們的目標而得到應用時才會引起我們的興趣，那麼我們則請他不要在我們爭取培養多方面性的努力時發表這種荒謬的見解，不然這種不幸的個人主義最終可能作為唯一的直接引起興趣的東西得以保留。

　　對於教學來說，符號是一種明顯的負擔，教師假如不透過對符號所代表的事物產生興趣的力量來將這種負擔消除的話，那麼它就有讓教師與學生偏離正在前進的教養軌道的可能。即使這樣，對語言的研究還是教學很顯著的一部分。假如教師在這方面為偏見與傳統的一般要求所局限，他就會從一個教育者降格為教書匠，這是無可避免的。而且如果教課不再具有教育意義，那麼環境中的所有平庸的事物都馬上會誘使孩子倒退；他們也會喪失內在的成長節奏。這時，教育者將會覺得他的所作所為索然無味，而同時也就有必要實行

第三章 教學的相關概念

監督了。所以,只要有可能就應當對任何偏離培養興趣途徑的語言教學予以阻止,毫無例外。不管是古典語言還是現代語言,都一樣!只有那種現在就可以引起興趣,並可以為未來作好引起新的興趣準備的書,才是有價值的,被閱讀的價值。對於別的書籍,尤其是對於那種始終無目的的自由詩之類的選集,就不應當花費時間去讀它,即使只是一個星期;因為對於孩子來說,一個星期很長了。假如延續一天之久教育影響就會變弱的話,我們就能夠在孩子身上覺察到這種不耐煩的跡象了!不過,在教學中每次都要用到的書還是需要讀的,即使它的語言有相當的難度,所有的困難都是可以透過技巧、耐心與努力來克服的!

不過,符號知識的傳授藝術是與透過事物方面進行教學的藝術相同的。首先符號也是事物,它們能夠被感知、觀察和摹寫,與事物一樣。它們為感官帶來的印象越強烈、多樣就越好。清楚、聯合、整理、規律化一定要及時連續出現。了解符號的意義不必操之過急,暫時可以將其完全撇開,這樣就能夠贏得時間。此外,一開始就把符號的理論完全透澈地講授了沒有任何的意義。我們的工夫應當下在講授那些對後來有趣的應用非常必要的問題上。這樣就很快將兒童需要更詳盡的知識的感覺激發起來,而如果這種感覺一旦發揮發揮作用,那麼一切就都會變得很順利了。

在考慮形式或抽象時，有一點必須首先提出來提醒大家注意，在各種特殊情況下往往要求做到的，那就是：絕對不能讓抽象本身具體化為事物，而一定要始終透過對事物的實際應用來證實抽象本身的意義。抽象是什麼？是從例子、直觀和既成事實中昇華出來的。即使需要學生自己專心於純粹的形式來理解抽象，但一定要讓他們的審思活動始終保持與實際的密切連繫。

孩子處在柏拉圖式的思想與實際事物本身當中。對於他來說，抽象也許不太會被感到是真實的。同樣的道理，他也不太可能在感知到的事物中探索那種不可及的本質，在他的知覺中探索純粹的自我，或者甚至在許多當中探索個別——這種個別並沒有很多，卻可以概括一切。假如他偶然幸運地進入這種觀念狀態，那麼恰恰應當希望他首先忠實於自己清醒的感官，要保持繼續前進，直至進入讓形上學學者振奮的靈活境地。

所以，對於孩子來說，各種事物無非是在抽象的過程中得到概括與分類的各種特徵的既成組合。因此存在著一條從個別特徵（形式）到具體事物，兩者相互平行的途徑。同時也存在著一條相反的、從具體事物回到個別特徵，讓特徵得到分化的途徑。綜合教學與分析教學就是以這一點為基礎的，下一章會討論到這一點。

第三章　教學的相關概念

　　然而，不幸的是任何人都沒有真正地了解到具體事物能夠作為各種特徵的組合來理解。我們大家都將所有的事物作為其特徵的混合體，盲目地假定這些特徵存在統一性，幾乎沒有想到過在每一種特徵下有許多可能的從屬關係。即使是我們的哲學家，甚至也都沒有誰似乎完全想到過事物的這一面與那一面！所以，他們思想被束縛了，頭腦不夠靈活，不懂得在各種可能的條件中掌握正確的事物。不過在這裡我無法將一切說明，有些問題得由別的研究來幫助說明。

四、教學的方式

　　方式在任何地方都不受歡迎，但它存在於任何地方。事實如何可能缺少它呢？每個人都按照自己的個性將它拿過來應用，而在任何合作中，比如這樣在教師與學生的合作中，方式就來自於兩個方面。

　　不過，人們習慣了相互適應，至少在某種程度上是這樣的。超出這種程度就會無法忍受，重複會讓這種無法忍受愈演愈烈。那種故意矯揉造作的方式還有直接引起厭惡的方式都是屬於這一系列的。前一種方式我們並不會予以寬恕，因為它是一種任性的錯誤；後一種方式破壞耐心，因為厭惡的感受會透過重複得以增強。

　　但願可以將任何矯揉造作的方式排斥於教學之外！不管提問還是講授，不管詼諧還是慷慨激昂，不管是語言精練還是抑揚頓挫，一旦看上去不是出於客觀事物與情緒的需求，而是被作為任性的配料在應用那麼這一切都會讓人感到厭惡。但是，從許多事物與情況需求出發形成了許多講課方式與技巧，所以教育家以教學法這一動聽的名稱所發明與推崇的方式還在持續增加，並應用在各個地方，而不讓某一種方式相對於別的方式擁有絕對的優勢。教育者一定要擁有各式

第三章　教學的相關概念

各樣的技巧，隨機應變，可以輕而易舉地變換方式，並越是在處理偶然事件時越需要突顯事物的本質。

　　使聽者僅僅處於被動狀態，並強迫他痛苦地否認自己所有活動的方式，本身就是讓人感到厭惡的，也會感到壓抑。因此一種連貫的講課必須透過讓學生始終保持急切的期待心理來激發學生，或者，假如教育者在某個地方無法做到這一點（在對兒童教學時，要做到這一點非常不容易），那麼他就不要連貫地把講課下去，而是應該允許學生以穿插意見的方式打斷教學，或者自己啟發學生發表意見。在正在進行的工作能夠順利進行下去前提下，教師可以給學生最大限度的自由，這是最好的方式。教師始終只要讓自己以及學習者雙方都覺得滿意即可。每個人都有自己的方式，是不會將駕輕就熟的方式丟掉的，也不可能離開它太遠。所以，只要沒有大的損害就可以原諒他人，也希望他人可以原諒我們。

第四章
教學的過程

第四章　教學的過程

　　將上面所闡述的所有內容適當地編排在一起，並針對我們世界的某些對象在教學實踐中應用，這就是想要透過教學來實現教育的人們偉大而十分艱鉅的任務。透過不多的普通概念我們已經能夠得出結論，在完成這些任務的過程中，很多人將被要求在很長的時間內付出堅持不懈的努力。

　　我想在這裡說明的不過是一個概要。它的宗旨只在於讓業已闡明的概念彼此更容易地連繫在一起，並為大家提供關於現在工作領域的一個概貌。普通教育學不應對特殊問題給予專注，導致對整體的概括收縮成了對某一特殊部分的探討。為了避免這一點，我自己將嘗試透過感性認知來說明理性認知，並將嘗試概述一下哪些事物必須同時思考到和同時付諸實施這個問題。

一、單純提示的教學
—— 分析教學 —— 綜合教學

不管什麼時候，要為某一個人制定授課計畫，總會碰到這個人所處的經驗範圍和交際範圍問題。這種範圍也許可以按照平衡的多方面性的觀念進行合理的擴大，或者在其內容上作一番更好的探索。這就是應當予以關注的第一點。

不過，教學同時還能夠超越經驗範圍與交際範圍，將這兩方面的生動的豐富性和透澈的明晰性展示出來，或者進一步說，教學的某些部分可以有利地透過經驗與交際予以說明。我們能夠從目之所及的視野中獲得材料，透過對鄰近世界的描述來擴大自己的眼界。我們能夠根據周圍年長者的生活線索，將兒童引導到他出生以前的時代。

只要是和兒童以往觀察到的相當類似並有連繫的一切，我們通常都可以透過單純的提示讓兒童感知到。比如可以使用兒童熟悉的顏色描繪出來的陌生鄉村、城市、風俗和信仰的圖畫；可以使用那些因為模擬現代特色而讓人有一種現實感的歷史描述，在這方面，教學可以藉助各種插圖，這些插圖之前越少被兒童無目的地瀏覽過，或者越少被他們濫用、被用作毫無意義地消磨時間，對教學就有越大的幫助。

第四章　教學的過程

　　單純的提示離開兒童的視野越遠，越會喪失其清晰性與深度，這是必然的；而在另一方面，視野擴展得越廣的時候，提示的媒介也就越多。所以我們想要確定從這種提示中能夠指望得到什麼和得到多少很難；同樣難的還有對它作明確規定。因為就提示的性質來說，這種教學方式的規律只有一條：描述應讓學生相信所描述的即其所見的。

　　分析教學更多地依靠其本身的力量，因此也就具有更強的普遍性。為了讓人馬上就明白，至少大體上明白我講的是什麼，我舉裴斯泰洛齊的《母親的書》(Buch der Mütter)與尼邁爾的《理解的練習》作為例子。每一個有思想的教育者，由其健康的觸覺引導到分析在兒童頭腦中堆積起來並透過單純提示教學增加起來的材料，讓兒童注意力逐漸集中到較細小和極細小的問題上，以便讓兒童的所有觀念達到明確與純潔的程度。這一點是一定要貫徹下去的。

　　同時出現的環境可以分解為個別事物，事物可以分解為組成部分，組成部分可以分解為特徵。特徵、組成部分、事物以及整個環境都可以抽象化，然後形成各種形式概念。但是，事物中存在的不僅有同時出現的特徵，還有逐步出現的特徵。事物的可變性讓我們有將事物分解為不同層次的機會。這些層次貫穿於事物當中，依次、連續地出現。在這一切分解嘗試中，我們有時碰到的事物，比如思辨的規律是分

不開的；有時也會碰到應當分開的事物，還會碰到例如提供鑑賞的美感這樣不應當分開的事物。

　　交際也可以分解，分解為交際產生的、讓心靈深化的、各種同情的感受。而且我們一定要這樣做，好讓各種感情純化並達到真摯的程度。因為一個人，甚至一些人的感情總和，通常都是由許多個別的感情組成的。同情他人的感情，一定要首先謹慎地從反對他人的感情中分別出來，好讓個人主義不至於毫無察覺地壓抑同情。具有細膩感情的婦女最懂得怎樣分析交際，怎樣在兒童中間喚起更多的同情心，並且也透過這樣增加他們的接觸面，來刺激他們交際的積極性。一個人早年有沒有受過這樣的婦女的影響是顯而易見的。

　　這樣，分析教學透過將其所遇到的特殊現象分解而上升到一般的領域。因為特殊是從一般中抽出來而組成的。請不管怎樣記住「近屬與類別」的定義，同時也要牢記，類別單獨地說也是一屬。在屬中，也同在類別中一樣，又可以包含更高的屬以及附屬於它的類別，而每一種類別又是與以上情況相一致的。因此應該記住邏輯與組合學說之間的關係，還應該記住，對一個人視野中事物的組合進行分析，能夠指明邏輯的一般性，從而提高一個人對於別的新觀念的可接受性，在這些觀念中，已知的成分能以別的形式並和別的成分組合在一起出現。雖然這一切本來都在我們大家心目中發生

第四章　教學的過程

（教師不應當對自發的現象糾纏不放，也不應讓兒童對此糾纏不休），不過這一切並非完美地發生、迅速地發生，所以對教師而言，還是有很多事情要做（此外，教師還一定要觀察自我）。

由於分析教學能夠上升到一般，所以它對各種判斷都是有利的，也是有幫助的，因為要判斷的事情不過是要將其從混亂的不切要的定義中提煉出來。簡單的事終究是比複雜的事容易辨識。基本的提示如果獲得了較大的力量，那麼數量與色彩導致學生注意力分散的情況就不會再出現。此外，一般的判斷對今後在新場合下的應用和檢驗都是有幫助的。

同樣，不斷對現存的材料進行分析，往往能夠獲得關於各種前提的聯想，一個人得出邏輯結論的熟練程度全都憑藉著這種聯想──科學的想像，正因為經驗沒有系統，所以假如我們伴隨著經驗持續進行思索，那麼經驗就可以讓我們的各種思想多樣化地很好地融為一體。

不過，因為經驗、交際和與此相關的描述所可以提供的東西是有限制的，所以分析教學的一切優點也是受到制約的。分析一定要對它所能找到的材料接受。同時，在一方面造成某種優勢的感性印象的重複，往往比教師在另一方面力圖人為地藉以達到的專心與凝思更有力。其次，一般只有在某些情況下透過抽象才能表現出來，必須經過努力才能在心

靈中達到自由的地步，從而讓它不僅能表現為一般，而且同樣能使所有特殊的結合具有了可能性。對於思辨和審美而言，分析其實除了可以說明對思辨與審美活動具有決定性的各點以外，並沒有別的作用了。眾所周知的是，經驗並不能給予我們理論和審美的需求，所以這種需求也並不能透過對現有材料的分析得到。即使分析說明已經接受的思辨和審美的各種觀念，也只能讓人發現什麼是被顛倒了的，而無法達到那種讓一種印象強化到能夠將以前留下的印象消滅所需要的強度，也達不到足以喚醒心靈的程度。單純的駁斥與批評幾乎沒有收效。我們一定要確立起正確的標準。

　　綜合教學是以其自身為基礎建立起來的，只有它可以承擔教育所要求的建立整個思想體系的任務。自然，它並不能比我們的各種科學和我們的文學還要豐富，不過也正是因為這一點，它要遠遠比兒童個人環境豐富。自然，它並不能比教師所具有的方法還要豐富，不過思想本身能夠逐步造就出來比較幹練的教師來。整個數學連同與它前後有關的所有以及人類從古代到近代的教育階段的一切過程，都屬於綜合教學的內容。不過乘法表、單字和語法也都在綜合教學的內容範圍當中。我們因此不難想像得出來，在這方面錯誤的做法會帶來多大的損失。假如各種成分不得不透過單純背誦的方法印入學童的心中，那麼他們反對綜合教學的任何推廣應用

第四章　教學的過程

就有了極為充分的理由。事前的概述、複述、複習、舉例還有各種符號都是減輕綜合教學困難的有益方法，這是眾所周知的。

對於典型三角形的教學，我曾建議過用發亮的釘把它描繪在壁板上，在搖籃裡的幼兒的視線中不斷出現。有人曾就此嘲笑過我。而現在請再嘲笑吧！因為我想，除了壁板外，還能夠布置五顏六色的棍棒和圓球，我可以常常移動、組合和變換這種棍棒，然後就代之以各種植物和兒童玩具。首先，我在嬰兒室裡放進去小風琴，並讓人奏幾分鐘簡單的曲調，或者演奏出簡單的音程，我還會幫它配上一個鐘擺掛起來，好讓兒童的眼睛與不熟練的彈奏者可以注意節奏關係；然後，我將訓練兒童用溫度計分辨冷熱的感覺，用砝碼闡釋質量；最後，我會送他去布商那裡學習，好讓他學會像布商一樣優秀，能夠用觸覺分辨出毛織物的粗細。此外，誰能斷定我不會用色彩華麗的大字母裝飾嬰兒室的牆壁呢？這一切的基礎都是一種簡單的思想：如果綜合的成分在早期就成為了兒童日常經驗的組成部分，那麼突然地、費力地將知識印入在兒童心目中，也就是所謂的背誦，要麼是沒有必要，要麼就是輕而易舉了。於是，綜合成分將會在可能的範圍內滲透到兒童日常經驗的無數事物中，在兒童學習說話時，或者在他們叫出這些事物名稱時，被兒童極其順利地掌握。不過

我並不是蠢人，不至於將這些多少能夠減輕教學負擔與促進教學過程的小方法視為解救人類的關鍵。

言歸正傳！綜合教學一定要照顧到兩個方面：必須提出成分並構成它們的聯合。這裡的「構成」並非完全的完成。因為完成是無止境的。誰可以測知所有事物的一切關係呢？那些有教養的成人還要始終致力於建造他的思想大廈。不過，他之所以可以從多方面致力於這種工作，必然是他的年輕時期的教養打好了基礎。所以，教養除了提供成分之外，還必須提供應用這些成分的方式方法與技巧。

聯結性的綜合是最普通的一種綜合。這種綜合隨處可見，它在一切方面都對讓頭腦靈活有好處，所以一定要儘早地、最大限度地對其進行訓練，直到達到最高的熟練程度。不過這種綜合的應用在經驗學科中更加普遍，因為其中沒有什麼能夠阻礙這種綜合，讓人去認識其（邏輯的）可能性（這種可能性的一部分就是偶然的實在），同時這種學科能夠讓人用多種方式來進行分門別類。單看這一點，這種綜合能夠讓人發現認識實用科學的道路。而在這些科學中，如果一系列的概念能夠用來說明一系列現象的話，那麼綜合就是它的媒介，在思辨範圍中假如沒有這種綜合的話，人就會覺得惘然若失，數學家們已經察覺到了這一點。不過在這方面，並同樣在鑑賞範圍中，這種綜合被那種在這裡居於統治地位

第四章　教學的過程

的特殊綜合所掩蓋。這種特殊綜合一面排斥不容許的聯結，一面讓心靈脫離所有沒什麼特色的思想活動。

與聯結性概念有密切關係的是數的概念。每一種聯結活動將組合成分組成某一種數量。數本身就是這些成分的抽象。

眾所周知，經驗綜合的本身形式就是空間、時間的形式，如幾何形式與音律形式。《直觀教學 ABC》就屬於這一類。這本書是綜合性質的，因為它是從各成分出發的，雖然它的編寫是由分析觀察自然界中發生的並必須歸入自然的各種形態決定的。

真正的思辨的綜合和邏輯聯結性的綜合完全不一樣。前者以關係為基礎。不過關係的方法還不為人知。教育學的使命不包括揭示這種方法。同時對自然抱一種嚴肅的批判態度，也並非兒童早年時期得做的事情。另一方面，如果在兒童希望獲得信念的迫切要求自動發展起來的年華之前，在其頑固地抱住先入為主的觀念而感到滿足的年華之前，完全不訓練讓兒童的心智同樣也是不允許的。在我們的時代，這種疏忽尤其不足為訓。在現在，意見的分歧對每一個人都有影響，只有那種輕率或者既草率又悲觀絕望的人，才會放棄追求真理。相反，教育者應該對他的體系怎樣完全置之不理，需要做的是去尋找危險最少的途徑，好可以盡可能培養探討

能力,並從許多方面喚醒由個別問題(也就是各種思辨的成分)激發起來的能動的感情,以免年輕的思想者以為他用不了多久就會走到真理的盡頭。顯然,學習數學是最穩妥的方法。遺憾的是,這種學習已經嚴重地退化為玩弄公式和輔助線的遊戲了。我們應當讓它盡可能回到概念本身的思想方面去。同時邏輯也是有用的,只是別對它給予太高的希望。在哲學的思辨問題中,那些涉及數學、物理和化學發展得最完備。在巧妙的引導下,年輕人能夠將心智多方面地應用在關於自由、道德、幸福、法律與國家的問題上,以此獲得極大的好處。不過任何涉及宗教的問題都需要多加推敲。在兒童早年,這種宗教感情依附於天意這種單純的思想。請盡量將這種感情保持得長久一些,不讓它受到干擾。不過所有宗教都有一種滲透到思辨中去的傾向和發展成為莊重的教條的傾向。在那種進行多方面教養時被觸動的心靈中,這種傾向顯然還在繼續活動。現在是時候提出一點懇切的意見了:古往今來,有很多成熟的人物在這方面尋找不變的定論,這種嘗試乃是徒勞的。研究這些對象首先要等待到一切思辨的預備活動終了以後才可以進行。突然用思辨的信念來將那種業已失去了的宗教感情重新喚起是不可能的。我們周圍的自然界的秩序與人類的依賴性在我們身上產生的永遠滿足不了的需求一致,而這種需求讓宗教在同情的土地上牢牢地扎下了

第四章　教學的過程

根。就教育者的本質來說，積極的宗教教學不在它的範圍之內，而應屬於教會與父母，在任何情況下教育者都不應當設置任何障礙，而且至少在新教範圍內，理智的說法是，他稍微一點設置障礙的念頭都不能有。

　　鑑賞的理論是十分模糊的，導致我們無法說明各種審美活動的成分及其綜合。雖然這樣，我們還是可以獲得一致的意見：美的價值並非存在於事物的量中，而是存在於事物的關係中；鑑賞基於感知的方式，而非感知的事物。我們沒有什麼別的情緒比對於美的情緒更容易受到損害了。對於兒童明亮的眼睛而言，美是不清楚的，儘管我們以為好像只要看到美就可以清楚美似的。沒有受過訓練的眼睛無疑能夠看到物體，無疑能夠看到眼前能夠看到的一切，但是無法將各種關係彙集在一起，就像有教養的人在最佳時候最願意並最容易做到的那樣。雖然鑑賞與想像完全不一樣，不過鑑賞往往寓於想像之中。想像對鑑賞有幫助，這很好理解。比如在想像的變幻中，各種關係也處在變化中。而在許多關係中，有一些關係透過其影響吸引了注意力，將別的形象在其周圍組織起來。這樣心智就進入了詩的意境，所以鑑賞的綜合教養的任務好像就是讓美的觀念產生於兒童的想像當中。首先，我們一定要在可能範圍內提供材料，然後透過交談讓兒童對材料展開想像，最後才讓兒童光看藝術作品本身。關於古典

戲劇，我們不妨先講述一齣戲劇的內容（這裡指的是情節，而不是各場次序），力求找出這裡面的關係、情境。讓情節連貫起來，從各方面形象地描繪出來。最後將由詩人的作品本身來說明那些我們覺得困難的問題。我們可能得努力讓各情節的要素理想化地表現出來，這可以是一件造型作品或者一幅圖畫，我們可以將它們作為一種組合展現出來。至於音樂，則一切都更加清楚了。各種基本關係，連同其最簡單的綜合都由精於和聲學的教師操縱，只要他並非一個迂腐的人就行。

我們現在來談談綜合地培養同情的教學，透過這種教學，心地必然可以變得豪放並充實起來，即使缺乏美好的家庭關係，缺乏幸福的年輕人之間的友誼，可能連師生之間高尚而自然真摯的友誼都沒有。在哪裡我們能夠得到這樣一種教學呢？有誰能夠否認，一般的教學方法的目的是迫使心智服從於物質材料，以嚴酷的科學和甚至為我們所誇耀的藝術讓心靈變得冷淡，讓我們疏遠人類，疏遠那些不合我們口味的、思辨方面十分低劣的、往往離我們觀察過於遙遠的各個實在的人及其構成的各個實在的團體？不過因為同情而為這些人工作仍然是我們最光彩的事情，而且我們也屬於他們的種族，雖然承認這一點不免感覺有一點羞愧，但我們不管怎樣都要承認這一點。

第四章　教學的過程

　　為了將歷史印入記憶中，人們已經將聯結在一起的歷史結構整理了出來，也就是用一種年代線索連繫起來的各種地區名稱的系統，用列表的方式表示。人們也曾設法從各種語言學習與古代知識學習中鍛鍊理解力，將古代詩人作為一切藝術的楷模來著重強調。這一切做得都是非常優秀的！最後，人們曾經想過將人類歷史連同各式各樣的思想觀念視為一個偉大的發展過程。隨後人們卻並非毫無根據地摒棄了這一看法，因為將這個過程視為一齣戲，那麼這個整體，並非全部，顯然是無法令人非常振奮與滿足的。然而，難道我們由於這一切而應該忘記我們是在這裡從各方面對人類進行討論嗎？因為同情人類，我們只能為人類培養具有同情心的觀察者。我們應該牢記，因為兒童還根本無法理解現實，所以還無法和我們一起展望未來，而正因為這一點，在他們眼中，過去就是真正的現在，所以正是他們這樣的人才會非常自然地產生這種同情心。難道所有古代希臘作家共同表現的兒童的這種天真，無法讓我們克服高傲的學者態度、去閱讀他們的著作嗎？或者進一步說，難道我們缺少自我感覺竟然到了無法發覺這裡是在描述我們應當已經經歷過的年輕時代，而絕非我們現在還能夠返回的年齡時代的地步？

　　對我們有時羞愧地感覺到的那種被曲解的教養，我們不能再選擇迴避的態度了。我們覺得，我們耽誤了我們本來應

當具有的一些東西。我們想透過羞羞答答的努力來加以彌補，然而這好像是徒勞無功的。然而沒有什麼能夠阻止我們讓我們年輕的兄弟們從頭開始努力，用自己的步伐，不驕不躁、不斷朝著未來前進。

但是，他們要是推進前輩先行的工作，那麼就要繼承前輩的工作。首先他們必須從早年開始，就把前輩的工作當成他們的先行的工作。

這樣，對同情的對象我們就不會感到不知所措了。在這方面我們能不能以綜合的和基礎的方式著手工作呢？

首先，我們不用列舉同情的各種成分，也不用某一種綜合方法硬將它們連繫。這方面需要一種溫暖的感情，但它不管什麼時候，都不是由一種輝煌的火焰發出的瞬間的灼熱，而始終是由一種燃料所發出的持久的熱，這種燃料能放出柔和的、溫暖的熱量。

其次，同情和人類的衝動有關。由各種成分逐漸發展起來的同情將隨著人類的感情共同前進。不過這種感情取決於人們的境遇，並隨著境遇的發展而發展。我們在社會上的感覺誕生於歐洲各種複雜的政治和文化關係。假如對社會產生的同情出於各種純粹、簡單而坦率的感情，然後這種感情中的每一種，都獨自呈現在意識中，以致整個意識需要了解各種感情，那麼同情必然會在一系列人類境遇中前進。從最

第四章　教學的過程

初的、已經有了清楚的表達的、透過屬於它的各種心理活動範圍得到充分發展的狀態開始，一直前進到目前這種狀態。因為過去顯然只表露了人們各種狀態的一小部分，更不能清楚而多方面地表達出來，就像教育所希望的那樣。也正因為這一點，某些文件是非常珍貴的，這些文件用完美而生動的語調對我們講述著過去。至於其餘的，就必須由我們用自己的想像來補充了。

最後，同情雖然在兒童之間的交際中可能最自然、最完美而連貫地發展起來，不過他們的這種交際，正好是由每一個兒童對這種交際作出的貢獻決定的，而貢獻是按照每一個兒童的活動與觀點來決定的。假如人們組織他們放蕩不羈地成長，那麼這種活動與觀點顯然取決於提供替他們心智加工的材料。不可否認的是，青少年的交際是由於其所獲得的引導的不一樣而不一樣的。如果這種引導跳躍地進行的話，那麼他們就不願遵循，難以遵循，就會退縮回他們那些幼稚的遊戲與活動中去，他們將在這種活動中相互交流，讓自己變得堅強。但是他們總有一天需要投身社會，投身世界的。如果那時的他們還是這樣相互牴觸，沒有一點同情心，彼此之間彷彿陌生人一樣，並在他們的小事情上頑固堅持、互不相讓，那這一點都不值得詫異。最後，如果社會本身是由許多小組織組成的一種鬆散的集體，而每個小組織都喜歡自得其

樂，並盡可能地利用他們和集體的各種關係作為實現這種目的的方法，這就更不值得詫異了。

然而，在一個有愛國心的民族中，情況就完全不一樣了。這裡6歲兒童都會向你們講歷史故事，兒童都會為你們講述關於從前偉大的英雄少年的故事。他們互相講述這些故事，互相聯合起來，隨著本國的歷史發展前進。他們渴望成為本民族的守衛，而且也的確能夠成為本民族的守衛。古人都能將荷馬史詩背誦下來，他們並非在成年時，而是在童年時學習這一史詩的。荷馬史詩就是年輕人普遍的教育者，而其學生並沒有辜負它。誠然，它並不能做到一切，我們也沒有打算將一切信託給它。

請你們想一想歐洲的愛國主義。希臘人和羅馬人乃是我們的先驅。一切分裂乃是派別心理的不幸表現，這種分裂一定要和派別心理一起消失。有誰可以引起對這種思想的重視呢？教學可以。

請不要說我們德意志人本來就對世界主義非常贊同。這太缺少愛國主義了。可惜的是這是事實！然而我難道要在這裡首先來調和愛國主義與世界主義嗎？

讓我們繼續對古人的討論。在我們看來，詩人、哲學家、歷史學家，就他們全都要使人去關心人的本性來說，他們在這裡可以劃進同一個行列。荷馬史詩、柏拉圖的對話原

第四章　教學的過程

　　先並非藝術作品和至理名作，而首先是對人物與思想的描述，首先它們要求人們要願意接受這些人物與思想。我們覺得，有人向我們推薦的外國人講的是希臘語言才是糟糕的事情！這就讓我們很難很好地接受他們的作品了，因為我們不得不借助譯者，不得不需要一點點學習語言，逐步的、不是一氣呵成的，至少不能馬上就透澈掌握它。

　　而對於我們，這種學習現在越來越需要了，因為譯者自己恰恰無法能說最易懂的德語。將來有閒情逸致的時候，我們將嘗試讓語言達到精深程度，從而可以掌握詩歌藝術，可是目前對我們來說，兩者還都是那麼的遙遠。寓言只能讓我們消遣，不過人物能夠讓我們感興趣。誠然，教師歸根結柢是需要具有某種程度的語言學技巧，好讓他盡可能將文法課限制在最狹窄的範圍內，卻可以在這種限制的範圍內，以最堅定的態度將已著手的教學工作推展下去。但是，在這方面這種技巧只能獲得做好工作的榮譽，切不要有別的追求。有一些觀點覺得，荷馬史詩代表了各種希臘語言的最古老而聞名的形式，結構非常簡單，這種古典語言的掌握對將來在文學上獲得各種進步所具有的意義是決定性的。這些意見說得沒錯，然而它們在這裡無關緊要。假如教授這種語言困難重重，而結果卻事倍功半，那麼上面說的理由還是無可比擬地強而有力的。不過這取決於理解這些理由是用什麼心情。

為了實現這部分特殊的教學藝術，有三方面的工作必須做。第一，教材的選擇必須定下來，主要從荷馬、希羅多德（Herodotus）、修昔底德（Thucydides）、色諾芬（Xenophon）、普魯塔克（Plutarchus）、索福克里斯（Sophocles）、尤里比底斯（Euripides）和柏拉圖，乃至羅馬歷史學家中選取材料，就羅馬歷史學家而言，一等到準備好了他們的材料就必須馬上選取他們的著作來進行教學；第二，一定要嚴格說明教學方法；第三，需要確定某些作為講述和思考的補充的輔助材料，以發揮有利的陪襯作用。在這裡我只是略微提一下，在荷馬著作中，比較粗糙的《伊里亞德》(Iliad) 不適合，而整部《奧德賽》(Odyssey)，除第八卷中唯一的一個長篇以外，卻都是合適的（個別表達很好避開）。在兒童的早期，索福克里斯的《斐洛克特底》(Philoctetes)、色諾芬的歷史著作也很合適（不過不要用實為放蕩的回憶錄，其所享的信譽是由於幸福論的緣故）。當兒童後期閱讀了幾篇簡單的《對話》(Dialogues) 時，柏拉圖的《理想國》(Res Publica) 就可以拿來選讀了。《理想國》對他們對範圍更大的社會正在萌發著的興趣可以說是完全符合的。在年輕人鄭重地投身治國藝術的時期，這部著作是滿足不了他們的，就像荷馬滿足不了一個正在將一切孩子氣拋棄的少年一樣。誠然，作為思想家的柏拉圖與作為詩人的荷馬對成年人比較合適，不過這

第四章　教學的過程

些作家的作品難道還不值得我們再讀一次嗎？年輕教師難道沒有留意、沒有瀏覽這些著作的興致嗎？

上面充分地說明了綜合教學。這種教學一定要很早就開始，而它的終點卻是無法找到的。不過它將讓人覺得，父母與青少年一定要延長教養年限，讓它超過今天習慣上的年限，因為他們可能並不甘心讓其從長期辛苦中獲得的可貴成果半途而廢，任憑命運擺布。對於大部分人而言，也許正是因為這個而沒有進行這種教養，不過只要能找到最好的教養，就有一部分人能夠想要得到它的。

但是如果聘請教師太晚了，而他好像也沒發覺被延誤的兒童並不是變壞了（這種情況很少見），那麼他就應將希臘語著作放棄，而給予分析教學更多的依賴。但是千萬不能將累積起來的一大堆材料一下子就分解成極小的各部分，而應該正相反，一開始時一定要讓各種專心活動一一得到回應。然後在繼續交談時（這種交談可能是會在共同閱讀各種從現存見解出發選擇出來的書籍中自然地引起的），一定要持續探索心靈受感動的地方，把書中的各小節一段一段地教給兒童。這樣做的目的，與其說是糾正什麼錯誤，不如說是讓人感受到自己的潛力。假如一個人自己成了觀察的對象，那麼這就會表示，他怎樣能夠讓自己滿意，他有多大的力量，哪裡、怎樣能夠在綜合方面為他提供幫助。

就像上面說到的，我們希望在純粹的提示教學中，教師具有靈活的態度與觀察的精神而不局限於各種規則。在前一章中所闡明的概念應當聯合起來，在分析與綜合的教學中應用。請注意一點，這裡只是說了個大概而已，不要期待會詳細地說明對課程表上安排的各種嚴密的學科。

第四章　教學的過程

二、教學的分析過程

(一) 經驗

讓兒童指出各種物件、叫出各種物件名稱、觸摸和擺弄各種物件，這都能夠放在所有活動之前進行。這種過程可以從整體開始，一點點深入到部分，乃至部分的部分。透過確定各部分相互所處的地位把各部分連繫起來，可以對實物的各種特徵進行分析，並透過比較，將這些特徵連繫起來。當用這種方式將經驗範圍中的很多方面逐一充分了解之後，就能夠將各種差異方面的衝突所產生的各種事件分析為每一個方面發生的變化。這樣就能夠說明人類從各種事物中獲得的應用。因果的概念、方式和目的的概念不在這裡討論的範圍之內，所以這裡有避而不談的理由。經驗只和事件的結果及其連續的過程有關係。這種實物分析的對象，在兒童的早年一方面是人體（在外界對象中，人體也是最重要的對象，因為人不僅感覺到自己的身體，而且看到別人的身體），另一方面是周圍的各種事物——家具、動物和植物等等。人的活動與遭遇是與人的身體連繫在一起的，同時也與人們相互之間最簡單、最密切的關係有關。

提示教學可以在這方面得到應用。這種教學以初步講授各國與各民族概況的方式來擴大兒童關於自然與人的知識面。地理與博物學也可以逐漸由此開始講授，這方面始終需要將說明與聯合放在教學之前，同時需要悄悄地讓兒童對鄰近環境中的人展開經驗觀察。其次在本國語的分析練習中，一定要必須涉及本國語的整個範圍，好為學習綴字法、文體與普通語法打下基礎，甚至概念也可以暫時撇開。凡經過說明與聯合起來的事物都可以透過某種綜合的概括獲得一種教學的形式，而在教學形式（如分類）中，哪裡適合進行這樣那樣的教學，當對這個問題產生疑問時，哲學探討的跡象便出現了。

1. 思辨

　　在分析說明經驗範圍進行時，經常會遇到事物性質有規律地連繫在一起的跡象，也就是因果關係的跡象。無論這種跡象是不是客觀的，是不是能夠解釋為超驗的或者意識之內的，對年輕人的教養而言，當它出現時他們是不是對它有所了解，怎樣用物理學家或講究實際的歷史學家（非幻想推理家）的眼光探究各種事件過程的本質的一貫性才是重要的。第一步是指出，也就是引出方法與目的以及原因與結果的關係，同時一定要利用具有不一樣結果的不一樣的試驗來揭示事件的制約性與相互間的依賴關係，例如讓一部機器較慢或較快地運轉，對這一部件與那一部件分別予以干預，好觀察

第四章 教學的過程

哪些輪子轉動，哪些不轉動。為此我們必須控制結果，必須讓這種結果引發關注，即讓其不太一般，也不太奇特。請把先前一一說明的試驗聯合起來，並將其中的連繫闡明。比如，將鐘擺與鐘的齒輪組連繫起來；在用槍射擊裡面將機械熱與火藥爆炸連繫起來；在應用蒸汽機方面，將蒸汽的膨脹和受冷收縮連繫起來等等。在進行試驗時，應該關注每一部分保持的狀態，每一部分產生的變化，不要忽略別的殘餘部分，應注意實現觀察結果的完整性，或者說留意其過程中那些不為人所觀察到的部分，然而，就像人類在家中、在工作中、在行業中、在經濟領域、在國家事務方面相互猜測、相互依賴或相互干擾一樣，這又會讓人聯想到有利或有害的自然力的自動執行機制，這一切不管在經驗中還是在描述性的教學中，都需要向兒童進行詳細的說明，並且指導兒童冷靜地觀察、反覆地檢驗，而絕非讓他們只是膚淺地觀賞，然後驚訝、恐懼，甚至須臾間入神而已。至於概念的分野、定義的探究、自己思想的闡明，這些都可以在未來結合在一起進行。教學與哲學探討在這裡是歸屬於物理學方面展開的工作，並最終可以歸結為思辨系統。

2. 鑑賞

審美（美、高尚、可笑還有各種細微的差別和對立面都被我包括在這個名詞中了），對我們而言，最早的時候是產

生於留意的觀察中。一般少年兒童只是將一種物質視為與別的各種物質一樣的東西。他們最初感覺彩色的、形成對照的還有運動的東西都是美的，而當這一切他們都看夠了，心理又處在一種很平靜又躍躍欲試的狀態時，我們就能夠嘗試是不是能夠讓他們去探討美了。我們第一步應該將美的現象從一系列在審美上無關緊要的現象中揭示出來，進行完成對它的說明。下一步就是分析，也就是將它分解為各個部分，讓其中的每一部分本身擁有了鑑賞價值。比如我們可以取一棵茂盛的灌木，將突出的一枝砍下，然後再從一枝中取出一組複葉，並從複葉中取一片單葉，或者取出一朵花，摘下花瓣一一展示給兒童。在葉子中間切割這種錯誤的分解是一定要讓學生注意，嚴重的還應該給予批評。於是，美的最簡單的形式、組合在一起的美的聯結形式以及以新輪廓重新合併產生的美，這一切都需要一一了解，並聯合在一起。同樣的道理，我們應當將美的現象從有趣的和感人的現象中揭示出來，將實質從裝飾中，將思想從修辭中，將內容從形式中通通揭示出來。不過這一切分解方法應該一致是作為有助於綜合的工具，原因就是理解的心理是力圖向這種分解發展的。我們應當在不讓整體完全陷於朦朧中的情況下來將每一個局部說明。同時，我們還盡量不從太大的對象著手，對象越簡單，產生的鑑賞判斷就越明確。不過，我們不只應當在藝術中，而且應當在生活中、交際中、禮節中以及言語表達中，

都將得體的行為指出,並要求兒童在他們自己可以透過其鑑賞力來表現得體行為的情況下做到它。與所有生硬的做作行為保持的距離越遠越好;通常來說,越能保持純潔的心情,就越能做得好。按照藝術規律進行審美分析的教學及其哲學探討通常都很困難。

(二)對人類的同情

分析那種為喚醒對他人同情心的交際有一個主要的觀念:應讓感情(無論其是良是莠)返回到自然的感覺運動上去,讓每個人在其本身的意識中都可能有這種感覺運動,所以也就可以產生同情。不過,真正要理解別人的感情有一個前提,那就是理解自己的感情。所以應該對青少年自身的心靈進行分析,讓它在自身發現人類心靈活動的形式。同時必須讓青少年掌握人類感情賴以表現出來的表達方式,非任性的表達學會了,將來漸漸地也學習慣常地表示感情的範圍與輕重。同時一定要注意透過自己的行為,將自己始終明確地顯示在他人面前,避免誤解以及無意地中傷他人。這種內省性的心理的初步表現一定會伴隨著和他人的交際和對他人的認識而越來越大,並且越來越影響心靈,從而必然讓人類的每一種現象都越來越容易被理解,讓如對外來特異事物的反感等各種反感都越來越不容易產生,與所有人的接近也越來越真誠。

1. 對社會的同情

　　關於交際禮節以及探討各種社會制度，都是從人們相互適應與相互幫助的需求出發的。基於這種需求，教學來說明社會上服從與協調的各種形式。為了讓這方面教學形象化，教師可以首先舉出最合適的例子，也就是學生自己，讓他了解他在其所有社會關係中所具有的正確地位，並讓他意識到他生存的全部條件，以及對他人的依賴性。透過同情心將這種感覺化為對所有人相互依賴的了解，透過越來越清楚地了解和越來越如所期待的那樣明白社會運動在不斷進行，甚至在反覆來回搖擺，兒童就會珍惜一般秩序，不會做出損害這種秩序的事情，甚至覺得為這種秩序作出犧牲是值得的，假如某次可能要求他馬上作出犧牲的話。假如在年輕時期一個人表現得體力很好，那麼讓他觀察軍事來提高他保衛國家的思想意識就是很合適的。軍事是國家榮耀的表現，它早在年輕人的早期就強烈地吸引著他們的目光；然而假如教學沒有在野蠻的狂熱與虛榮的煽惑之間做出充分的平衡措施，那麼教育就很容易遭到損害。教學應當針對國家這樣那樣的制度所投射出來的所有光輝，不斷提醒學生想到一個勇敢的人能夠以在他的職位上發揮的真正力量，想到每個公僕一定要加之於自身的切實可行的限制。

第四章　教學的過程

2. 宗教

　　對於人類普遍依賴性的同情，是所有宗教基本的自然原則。我們應當讓學生注意，人們會在哪裡表達受限制的感覺，應當告訴他們，任何一種傲慢，本質都是對自己力量的誤解與危險的誇大。如何解釋崇拜？崇拜是恭順的一種純粹的表白，而忽視崇拜可能會導致（事實上的確會導致）一種自負的活動，為得到暫時的成果而投入了過多的精力。對人類生活及其命運的進程作出的不斷觀察往往讓人感受到生命的短促、享受的短暫、財富之價值的兩重性，以及薪資與勞動之間的關係。所以應當讓學生注意儉樸的可能性，注意知足常樂，注意觀察大自然，了解大自然適合人的需求，可以讓人努力並大體上給予報償——即使大自然並沒有報償每一個個別的成果。應當由此引導兒童進行一般的因果報應的探索，但始終應當將這種探索局限在大自然範圍內，而別讓這種探索在人類角逐的混亂中迷失。

　　從根本上說，心靈應當在宗教中得到休息，從宗教中擺脫所有的思想、欲望和顧慮，從而實現安寧。不過為了獲得高度的休息，應該讓兒童歡迎與眾人聯合，歡迎教會。只是他們在這方面也一定要保持足夠的清醒，對荒誕和神祕的欺騙說不，對神祕主義的矯揉造作要徹底拒絕。

三、綜合教學的程序

　　綜合教學提供了一系列新的觀念，所以一定要論述一下它們。首先，在進行綜合教學時，我們應當持續觀察它是不是也會讓心靈過於空虛或者過於充塞。在這方面，我們可以看到，不僅兒童的能力，連他們對各種課的愛好都是完全不一樣的，所以有針對性的教學是必須的。其次，管理與訓育，特別是教師自己對於事物的所有考量，應該能夠喚起學生的努力，以求一開始就全面而準確地了解一切，明確而俐落地接受一切，最後，應該避免在剛打的基礎上過急地追求有所建樹。今天清楚的事，也許明天就模糊了，而誰還要費力地回想個別事物，那就談不上連繫甚至應用它了。至於各個成分，應當注意在可能的範圍內，讓它們在需要以前就準備好，同時應當始終建立較廣闊的基礎，好讓它們到處可用並進行各種變換。關於複雜的事物，應讓兒童心靈特別探索其各種形式（只要有可能的話），好讓兒童預見到它們連繫的途徑並自己去進行探索——這一點很重要。

（一）經驗

　　我們很早就應當透過許多例子來對各種聯合的程序進行闡釋，特別是它們最常用的變化形式了。以外，我們還應當

第四章　教學的過程

指明感性事物的特徵的順序，這類順序例子可以在礦物學教科書中找到，比如顏色的順序、質量和硬度的級別等等。空間形式也屬於這種。首先提出正方形與圓形，用不著分析，這是周圍器物中最常見的形狀。然後再提出角，這方面鐘錶的指標、門窗打開形成的角度等等都可以加以利用。首先，一定要提出 90 度、45 度、30 度與 60 度角。我在《直觀教學 ABC》一書中將這種知識假定為常用知識，在這方面這本書是恰到好處的。撇開關於事物特徵順序中形成的聯合構想的所有例子（對這些順序的自由聯想一定要比聯合構想早），或者撇開所有關於在聯合基礎上分析一定事物的例子（因為這種分析不應當在那些事實上還缺少很多能夠想像的複合體的場合中進行），而只是談談語法，尤其是變位。這裡應先從那些構成這種那種語言的語言符號中，將在這裡變得複雜起來的一般概念區分出來，區分出數、式、人稱、時態、語音。其次，應當區分說明各個詞義及其類別與闡述動詞變位類型，這些類型完全是由那種類別的變化產生的。不過，如果除了認識概念之外還認識了超出所有語法之外的變化形式，那麼這種類型也會自己形成。

假如只想教一種語言，比如希臘語，那麼一切準備都作好以後，首先可以將其在大多數情況下穩定的特徵指出，比如未來式、現在完成式、虛擬式、希求式等，並透過個別詞

來研究它們，然後再對不穩定的特徵，例如不規則的變化展開探討。這種專門的學習是必不可少的。即使熟記也是無法忽略的，但是應該先讓兒童思考變位，用各式各樣的方式讓他將各式各樣的變位聯合起來，接下來再讓兒童開始熟記。充分練習各種變位的聯合之後，就可以將這種類型遷移到別的各種形式中去了。這可以在系列的編排由於發生變化而被改變時進行。一個更簡便的例子可能就是樂譜了。樂譜裡的音符系列是隨著節奏符號的變化而變化的。不過我們在植物學、化學、數學和哲學方面也可運用這種練習。只有藉助這種練習，才能正確地說明科學的框架，並教會學生如何分類，並從哲學的角度對此作一番探討。

　　在我們所有同時思考許多問題的場合，聯合的觀察的確是一種很寶貴的才能。這種聯合觀察對作句法練習和了解歷史輪廓的教學來說非常實用。學會這種觀察是童年後期的一種特殊的工作，這種工作肯定和同情地了解歷史故事截然不同。有些歷史故事的講述應該在這以前就展開。歷史輪廓當中存在的一系列人名可歸入各個國家的歷史年表中，也可以任意地歸入教會的、各種科學的包括藝術的歷史年表中，並列在一起。我們不僅應當對熟悉各個人名系列熟悉，還應當能任意地把它們三三兩兩地聯結在一起，這才是關鍵。對於法律關係和對此作出的積極規定，我們也可以進行類似的探

第四章　教學的過程

討。對早期青少年來說，獲得這方面的一些知識是頗為有益的，因為他們對現實生活的注意透過這種知識會變得敏銳起來，而且在未來他們處理私事時也會變得容易一些。

1. 思辨

在所有的重要場合找出關係或者進行超驗的綜合，這些都有一個前提，那就是事先感覺到的困難、專心於思辨的問題的。不過這些問題可靠的基礎乃是經驗——包括內部的和外部的經驗。在青少年教養中，本來是應當讓他們掌握這種基礎的，無論這種基礎多麼的廣闊。經驗範圍的分析說明能夠實現對一系列因果關係的了解，這一系列關係是無始無終的，無論其在世界與意識中的廣度還是深度都是找不到的。物理的自然知識能夠讓人了解一系列假設，從這些假設出發，綜合地返回來解說自然，這種嘗試一般都會碰到困難。應當將這些假設和那些問題指出來，並視機會將其一一地指出，讓兒童想像它們，並給兒童進行各種想像的時間，好讓他們盡量地自己了解它們，或者至少將它們用各種形式聯合起來。我們應當逐漸從那些彷彿直接涉及實際的諸問題中引出各種概念來，並應當讓人覺得，思想家在這方面也可能為其自身思想的混亂所困，所以他一定要掌握正確的方法來對待這些思想。這裡就可以提出邏輯了。到這個時候，數學學習應該早已達到重要階段。透過那種不僅存在於數學分

析中,也存在於幾何中的中介概念來取得邏輯結論,這至少必須在數學中演練得嫻熟了。現在應增加思辨系統的學習(最好從最簡單的和最古老開始),而且這種學習應連繫上那種在心理上對人的意見的興趣。用演繹方式來教授綜合本身的方法,這顯然可以依靠教育來進行,如果青少年的教育者可以不存偏見地對教育作好準備,那麼這就非常足夠了。思辨的開始雖然能夠讓一個健康的少年(甚至年齡比較大的孩子)很熱衷也很專注,不過只要各種思辨活動不影響別的興趣,並壓抑與干擾別的興趣的話,它是永遠都不會過分強烈甚至有害的。而這種情況一旦發生,就必須馬上透過其他活動毅然決然地阻斷這種思辨活動。反正在這時思辨情緒能夠暫時地消失掉。

2. 鑑賞

就像閱讀一大堆哲學讀物並不能造就哲學家一樣,瀏覽各式各樣的作品,就算是真正經典的作品,也不可能形成什麼鑑賞力。透過默默地關注心靈在內部完成的無數次自我認知,最終產生美的感覺,不過這種感覺大部分還只是這樣與那樣的鑑賞力的一種而已。在這以前,當青少年的心靈還沒有受到強烈印象的影響,而將這種印象當作回憶對象黏合在腦海中時,就應當讓它領略較大藝術作品結構的簡單關係,也就是美的各個組成部分。這對任何一種藝術的相互並行與交錯的領域都是適

第四章 教學的過程

合的。對各種關係的領會由理解的清晰性與成熟程度決定。心靈一定要受到感染，而不會迷惑；稍被感動，而不會震撼。所以應當讓心靈感受各種有關係的材料，也就是那些任何時候都徹底處在其能理解的範圍中的材料。應當用各種方式把這些材料聯合起來，就算只有例如在音樂中具有的關係這樣的簡單關係，我們也應當將它們指出來。不過審美的心情也應當注意，千萬不能將一切力量平均分配到學習與體力活動方面。必須要對外露的放肆加以限制。自由、生動的談話最能引起那種審美心情，而獨自沉思讓它達到完善的境地是有幫助的。假如鑑賞力被激發了出來，那麼就必須觀察一下想像力。親密的關係對此是有幫助的。應當讓學生確信，他的開誠布公，在這裡會得到的將是教師滿意的認可，而非尖銳的責難，但是也不會是過分的誇獎。假如學生自己創造了什麼，他千萬不能被他的作品誘惑，別讓自己為此而筋疲力盡或者陷入自我的陶醉。我們應當對他們稍加提醒，讓他冷靜一點，但是不能阻礙他，這樣他就能夠讓我們從一個創造引向另一個創造。應當將各種傑作展示給他，以免他過早地沉湎於自己的鑑賞水準。如他能對這些傑作進行反覆的研究，那就為他自己的進修樹立了標準。然而，所有的鑑賞力需要很晚才能實現風格的固定。為了實現這一步，他必須以其特有的全部意識力量盡力影響他的自身。

(二) 對人類的同情

對於整個人類的同情，其實就是對於我們想遇到並可能遇到的如此多樣的人類所產生的同情。不能將這種同情簡單地分析成從那種與熟悉的人交際或者與書上描述的個人的交際中發展形成起來的，更不能將其簡單地理解為對具有一般種類概念的人類所產生的同情。只有那些在自己頭腦中成功地樹立起無數人類形象的人，還有那些詩人中最可尊敬的人，以及僅次於他們的歷史學家中最可敬的人，才部分地具有對整個人類的同情心，並可以將這種同情心傳遞給別的人。我們能夠發現他們具有最明顯的一般心理真理觀。然而這種真理是按照人在不一樣的時間、不一樣的地點產生的不一樣的狀態而不斷修正的。對真理的敏感性，同樣也是隨著年齡的增大而持續變化的。教育者的責任是關心怎樣讓這前一種變化和那後一種變化始終同時地、相互一致地積極發展。所以，這裡存在著一種逐年變化的從舊到新的過程！這種過程自動地朝旁邊擴展，並在遷移的、模仿的、擴大的教化中，逐漸讓個性的變異為心靈所接受。同時，表現在這種過程中的變異所遇到的那種被歪曲了的和藝術上拙劣的、其一切對立面和矛盾事物同時出現的現象，將會徹底地喪失其感染力，而那些無的放矢地尋找著教養的無準備者往往會被感染，容易受到迷惑，並遭到危害。站在人類教育的高度向

第四章　教學的過程

前進發,達到我們今天的文學水準,就能夠輕易地避開其中低劣的、不乾淨的部分;與此相連繫的是藉此能夠獲得高度的保障,免受今日世界所有誘惑性東西的影響。所有的過程將在時代與人類應當達到的明智理想之間的對照中,在一種關於人類怎樣能夠達到理想和個人應當在這方面做些什麼的協調考慮中找到終極答案。此外,那種狂熱地要求或者渴求時時刻刻都有所進取的觀念,至少對於那種飽覽各時代,並在每一時期能覺察出同一類人的人而言,是非常不自然的。這種人甚至不受變化的影響,會嘗試讓別人獲得我們的大自然所允許給予的自由。同情的最高點就是在這裡了。

1. 對社會的同情

詩歌和歷史的描述常常地反映了人在交際方面表現出來的順服性與倔強性,同時還將那種讓各種相互衝突的力量得到緩和並相處在一起的需求的迫切心反映了出來。關於和睦地結合在一起的人可以表現什麼以及怎樣得以表現的,關於沒有一個人可以自己成為一個偉人,作出完美無缺的貢獻,關於任何一個人在自身以及自身以外始終只能在時間與狀況所提供給他的範圍內有所作為,關於這種種的說明一定會引起一種主導性的興趣,按照那種順服性來教導人、指使人,如同所需要的那樣,好讓他們可以前進到他們為自己定下的比較高的目標。不過教學在這方面,一定要對純潔的青少年

所應有的自然的質樸加以充分的利用,一定要對學生本身提出服從的要求,並向他指出這樣的一點:那些愛鬥嘴的不服從行為只能用泛泛的空談充實他們空虛又懶散的腦袋,如果是關鍵時刻,一定會削弱公共活動的效果。社會興趣會對任何唐突與輕率說不,這種興趣是與一種較為高階的經濟的審思結合在一起的,此種審思與目的相協調,並對各種機會中的困難加以考慮。不只是交際,比如促進這種交際的天然與人為的需求的刺激,比如保障和壓抑這種交際的公共權力以及國家行政各部門,而且關於人組成團體的條件,比如其語言、信仰、持家才能、科學知識與公共娛樂,這些都一定要一起進行考慮的。在年輕人自己選擇一種職業之前,必須透過對社會的描述,就像提供一種指明一切位置與道路的地圖那樣,讓他對每一種職業有所了解。可以十分肯定地說的是,在職業選擇前這樣做並不會顯得太遲。這樣,一定會讓年輕人全心全意地對待自己已選定的職業,而且會將最美好的希望寄予它,希望這種職業能夠發揮對人類有益的作用。

2. 宗教

宗教的綜合教學,就是造就與培養學生信仰上帝的觀念。作為宇宙的終極真理,作為一切尊嚴的頂峰,這種觀念必須在兒童早期,也就是在心靈開始萌發探求知識與思想、恐懼與希望的勇氣,當它嘗試超出他的視野朝外探視的時

第四章 教學的過程

候,就應該使他有所了解。假如宗教的基本觀念並非屬於最早期樹立起來並透過回憶能夠達到的,假如它不被熟悉,不一樣變遷的生活在人格中心所遺留下來的所有融合在一起,那麼宗教就絕無在心靈深處占有它所應得的穩定位置的可能。這種觀念必須始終重新置於大自然的歸宿點。這是讓不管哪種機制在某一時期發展出理智行為的根本條件。在兒童的心裡,家庭乃是世界秩序的象徵,從父母那裡能夠非常理想地領會到神的品格。他能夠和神交談,就像和他爸爸交談一樣。長輩們一定會明白地告訴兒童,他絕對不屬於他們的神祇,不具有他們的命運。他應當從早期開始依靠藝術本身了解倒退的文化想用喪失其實效的藝術重新發揮什麼樣的影響。應當將蘇格拉底(Socrates)的時代描繪給他,在那個時代,命運(既沒有因果關係,又不受意志影響的可靠的定數)開始被那時嶄新的神意觀念所代替。應當讓他清楚,我們積極的宗教是能夠和柏拉圖所希望用以教導希臘年輕人的宗教相提並論的。年輕人應當試著發表自己的意見,不過他的性格必須可以保證自己永不希望放棄宗教;他的鑑賞必須非常純潔,確保他永遠都無法忍受一種缺少道德秩序的世界中,所以(只要他是個現實主義者,就會看到)也是從一種不存在真實神祇的真實自然界中必然會產生的不和諧狀態。

四、關於教學計畫

我們一看上述的摘要就懂得,那並不是教學計畫。因為其中有很多的內容根本無法包括在一種固定的課程之中,而只能指望某一種教學有機會能夠將它們結合進去。教學計畫就是這種機會的準備。教育者在擬定教學計畫之前,首先需要深思熟慮這裡指出的思想範圍,將他的所有知識置於其中,並充分地研究學生的需求。為了確保教學計畫的行之有效,它和許多偶然因素的依賴關係一定要考慮,這些偶然因素是與多方面教養的一般觀念完全沒有共同點的。教學效果的來源是教育者與學生雙方的個人能力,因此不管這些能力如何,都必須得到最充分的利用。

教學的很多方面都是由學生對其反應的程度與狀態決定的。從兒童早期開始的,而且主要採用綜合形式的教學,能夠在相當程度上信賴它對教給學生的一切所發揮的威力。不過,準確地說,分析教學,學生本來是應當自己提供材料的,尤其是在他以後的數年學習中,因為那時大量的日常經驗已經用沒了,只有那些業已埋入心靈深處的材料還有一定的分析價值。所以,經驗非常容易說明,當業已成年的年輕人開誠布公地表白自己時,教育收效就會非常顯著,尤其是在剛開始時(就分析來說),差不多能夠獲得奇蹟般的成

第四章　教學的過程

功；而當他們不肯流露自己的想法時，所有的努力都將付諸東流！

　　會話是分析教學真正的媒介，在會話時可以穿插和進行自由閱讀，如果有可能的話，學生與教育者可以相互出示書面作文進行補充。讀物一定是用學生已經通曉的語言寫的，並與學生有若干的共同點，而且不應引起學生的興趣到會致使閱讀時常中斷的程度，比如學生歡迎的較長時間的離題討論有可能讓學生產生反感。作文一定不過於冗長和矯揉造作，而是要清楚明確而又非常細膩地把他們在談話中獲得的材料寫出來，並對其中心思想給出明確而引人注目的解釋。這些作文必須證明，他們的心靈已傾注到了其注意的對象上。教育者可以對學生寫的不好的作為加以改進。必要的時候，教育者可以組織競賽與辯論，用緊張的氣氛避免鬆懈。只有一點需要注意，在這種場合他自己不能發怒！如果教育的對象是耽誤了接受教育的年輕人，則重點一定盡量放在這種練習上，並力求使這種教育一點點地切合他們各方面的興趣。為了讓他們的心靈充實，不妨補充某種生動活潑的示範教學，也可採用一些本身雖然重要，不過完全有可能形成對照的附加閱讀教學。在教學業已變得很不適合的地方，這就是看上去不具備計畫性的教學方案的所有形式。然而就算在通常綜合地推進的教學中，作為補充的那些練習也幾乎是不

可或缺的。因為這樣做，就能讓學生在內心世界進行的所有活動都置於教育者的注視之中。

假如綜合教學在合適的時候開始，並飽含希望，那麼上述說明很容易讓人發現兩條線索，這種貫穿於教育的始終的線索絕不會脫離控制。鑑賞力與同情的教育需要一種從上古至近代的編年系統。教學計畫必須注意這樣安排教學：兒童早期時應該從希臘文開始學習，中期應從拉丁文開始學習，年輕時期則應該致力於學習現代語。至於思辨與經驗方面，如果後者需要透過前者來加以說明的話，則有系統的、多方面實用的數學學習應該是首先安排的。一系列不同質的學習可以當做第三類課程，其中如地理、博物學、成文法、歷史講述和政治的研究等等比較重要。這些科目不用一門結束再開始下一門，只在環節上相互銜接就可以，因為每一科目都能夠在學生心靈中引起先人的影響。而每一門都需要這樣一種環節，好讓這種教學一直這樣固定下來。假如補充上述那樣的練習，隨時服務於分析教學的過程，那麼我們也就彷彿已經具備了教育性教學完備的計畫的主要部分。這樣的話，在主課學習中增加輔助知識就足夠了。主要工作的外圍還需要許多次要的工作，它們之中的大部分能夠安排在課餘，也不會脫離連貫性訓育所產生的作用範圍。此外，已經被激發起興趣的兒童將可以精力充沛地接受這種興趣帶來的負擔，

第四章　教學的過程

這一點是可以信任的,只是要留心,別讓這種興趣渙散開去!凡對工作連續性有礙的一切都不可避免地會產生這種影響。工作一定要如此安排:讓它在本身範圍中具備必要的變化,但是絕不可讓愛好的變化瓦解為缺乏目的的渙散狀態。在這個方面,最有經驗的教師好像還需要汲取更多的經驗!他們好像對不間斷地遵循具有同一種興趣的同一種流程採取某一種教學方式所產生的作用並不了解,否則大多數課表所作出的支離破碎的課時安排是從什麼地方來的也就無法解釋了。應當懂得,在一種嚴格教學的所有外部條件中,頭等重要和絕對必要的是,每天為同一種課業安排一課時!不過,所有科目顯然一定要占有一定的位置。

在有些情況下,綜合教學無法擴展到所有的領域,但也不能徹底放棄。這取決於怎樣縮短它而又有所殘缺。它將被有規律地壓縮,就形體來說卻是沒有變化的,這就像在縮小鏡裡看到的那樣,色彩更醒目、對比更明顯,但是喪失了豐富性、輪廓與效果,這是不可避免的。這時大量的語言教學被取消了,在那一般需要讀原著與整部作品的地方,現在只讀譯文和節錄了就行了。不過,透過各式各樣的資料來維持效果的可能性越小,就越要強調讓教學停留在主題思想部分上。在數學中,對這門科學本身所進行的無窮多樣的運算作出說明是可以放棄的。我們只教授主要規則和最重要的計算

方法，不過這些都得像編字典式地（從最低階到最高階）進行說明的，因為最高階的也不一定是最複雜的。凡是需要說明的，就應該說得透澈明瞭，好讓學生形成永久的記憶。在博物學、地理與歷史教學中，則沒有必要求將許多名稱都記住，不過應該注意讓世界與人類在學生心目中形成一種清澈的觀念。

在對各門科學進行教學加工時，我們必須在一定程度上剔除某些部分，好讓教材得到與上述做法一致的壓縮。

如此才能培養出多方面的興趣，雖然這種興趣在某些教材表述上的內在力量與流暢性必然會有一些缺失。

不過不管什麼樣的教學計畫，如果它所提供的機會沒有得到利用都會成為泡影。我希望這部著作不被那些見解比較膚淺的友人所歪曲，在他們看來，只要相當早地讓兒童開始學習荷馬史詩與《直觀教學 ABC》就達到了本書的要求。假如他們不同時力求表現詩歌中的人物以及說明事物的結構，那麼我就沒有理由稱讚他們。所有教學計畫中，最空洞的要數為全省與全國擬定的辦學計畫了，特別是校務委員會擬定的那些空泛的計畫。學校管理者制訂這種計畫之前，沒有聽取過各個學生的願望，也沒有考察過一下每個學生的優點與弱點，沒了解過他們相互的私人關係，並利用這些計畫準備應有的參考資料。對於一個出色的學校管理者來說，通曉人

第四章　教學的過程

與政治的知識肯定不是一件小事，因為他必須將很多人團結在一起，讓他們精誠合作，對學生施加全部影響，但是這許多人之中每一部分，卻非常容易就成為另一部分人的對頭，哪怕只是因為知識的忌妒。他必須運用各方面的所有辦法來緩解引起對立的觸發點，在這些人當中——顯然是指在個人方面——將較優良的精神激發起來，為每個人指出按照他的特性所能產生的有利影響力在哪裡（假如一個知識豐富的人不能從事他愛好的工作，那麼將會有多大的損失！），最後促使他們每個人都產生一致的思想，讓每一節課獲得真正的教學效果。一項全國的教學計畫在這些分析中可以吸取到什麼經驗呢？這樣一種沒有考慮在各種地方執行它的個人的計畫，可能只有避免與一系列課程和居民的現存精神發生衝突的情況下，它所能發揮的作用才能發揮出來，除此以外，它的作為是不會有多大的。我承認，我對國家接管教學事宜（似乎她能夠將教育委之於政府和督察機構，從而可以達到所有的目的）並沒有真正地感到高興，實際上成就唯有透過個人的才能、忠誠、勤奮、技術才能，創造也是唯有透過他們的自由活動，最後唯有透過樹立他們為榜樣，才能將其推廣。在這方面，政府所能做的只是鋪平道路、掃除障礙、提供機會以及給予鼓勵，而這些已經是對人類來說一種偉大而很令人崇敬的功績了。

第五章
教學的結果

第五章　教學的結果

對於教師而言，時常結識性格高尚的年輕人，藉以充分地了解他們富有接受教育的特點，是最能讓他感到幸福的。透過結識，年輕人的精神世界將為他敞開，他的努力不會徒勞無功。而且他能夠確信，在人類教育的觀念中，他已拿到了自己工作的真正藍本。當教師與學生之間因為一方強求另一方做他不想要做的事而產生了不快時，教師不應該因為學生不敬重他而生氣。他應該不至於誤把教學改變為遊戲，也不至於故意把教學改為工作。他應該懂得這是一項鄭重的事業，需要嘗試靈巧而有把握地促進它。他不該應用他淵博的知識讓課程的分量加重（否則在這方面雖然所有的都可能考慮到了，卻唯獨忽略了學生的興趣），他需要絞盡腦汁地讓教學的多方面性要求不低於學生的能力所及。因為要不斷讓年輕人純潔的心靈得到滿足和充實，並非一件小事。

心靈的充實——這應當被當做教學的一般結果——重要程度要高於別的任何細枝末節的目標。由於脫離了自然狀態，所以文明的人類不斷地需要藝術。當人們過上了舒適的生活，積聚了財富，並不必為了需求而使用自然力以後，就需要機會發揮精力，不能陷入安逸懈怠。怠惰的富人生活讓任何時代的觀察者都會憤慨。「把這具肉體絞殺了！或者讓它回歸到森林去！」假如人類不去學習避免文明中通常屢見不鮮又可恨的陋習，那麼人類將會一直用這種語言來譴責自

身。必須在精神追求中折磨任性,才能避免禍害。

我們希望,上面對教學的敘述,不管說其廣度還是深度,在量的方面沒有缺陷。接下來我們來探討教學培養心靈狀態的品質方面的問題。

第五章　教學的結果

一、生活與學校

我們的學習是為了生活，而不是為了學校！假如我們懂得這裡的學校與生活意味著什麼，那麼我們就會對這一明智的格言有更清楚的領悟了。

並非為了富麗堂皇，而是為了實用！這一簡短的譯辭也許可以解釋那句格言。它是一條聰明的經濟規則，它不僅對添置家具適用，對置備知識也同樣適用。

不過，生活可不只是對某些具有不同目的的方法的應用，否則這樣的生活必然會讓人懷疑，多方面的興趣會遭到某一些欲望的窒息，而我們心目中教學無疑不應是這樣的結果。正如我們沒有將生活和純粹的應用混為一談那樣，也沒有將學校和富麗堂皇的裝飾混為一談。所以，我們對那句格言的譯辭是不能應用的。我們用不著對注釋作詳盡的修改，還不如在分析一下學校與生活之間的關係花些力氣——不用為我們在分析中是否會再碰到不為學校而為生活的這種矛盾而擔心。

我們如果捫心自問一下，在今後的歲月中，興趣的已知部分將會怎樣伴隨著我們不斷發生作用，那麼我們了解生活就一定會很容易。

真正的經驗、純粹的觀察是不存在止境的，也不追求止境；喜歡新事物的它每天都會得到新鮮的東西；不管它得到是什麼，其中的一部分永遠都屬於同情心，因為人類的幸福與國家的幸福永遠都在變化當中。這樣說的意思是，觀察與同情就是我們藉以將每時每刻占為己有，並利用其真正地進行生活的活動。當觀察與同情的脈搏跳動減弱時，那麼人們就會覺得無聊，果敢的人會將時間的大門打開去尋求永恆。

　　思辨與鑑賞並非為日常生活與應變而進行的。應變不只是對於各種哲學體系而言是可恥的，而且每個人的觀念與鑑賞標準一旦確定了之後，就不願意輕易放棄，更不可能完全放棄。我們的基本原則的形成歷經了長年累月的努力，因此一經形成就不再隨便地改變了。

　　這是審思與人格的關鍵，而觀察與同情則不一樣，它們始終都沉浸於新的深化之中。

　　毋庸置疑的是，只要是見多識廣的人，都會在一定的時候達到某種超越熱情的境地。與業已感受到的事物相比，對他們來說新的事物反倒覺得太乏味了。不過這種境地還不是靜止的，並非一切的主宰，而不過是不易於屈服的一種活動狀態。

　　對於那些優良的人而言，假如他們幾乎沒有接受過思想方面的訓練，那麼能指導他們控制生活的差不多只有宗教

第五章　教學的結果

了。宗教同時能夠代替思辨與鑑賞的位置。所有的人需要宗教來保持精神上的安寧，不過心靈的活動讓那些曾受過宗教陶冶的人們受到理論和實際判斷的教育，也就是雙重的教育。

無限制地累積著的觀察，從一個地方轉向另一個地方，最後在轉向一切時將失去自身；在狂熱的要求中伸向各處的同情，同樣會因而導致完全的消退。思辨能夠讓這兩者保持節制與冷靜，因為思辨將放棄應變而實現向實際的昇華，特別是因為它在回顧往事中可以從非感性理解出發來確定和限制感性理解的一般可能性，並重新結合經驗，從而告誡那些沒有考慮程度與時間還有各種能力的所有龐大流程的人們，避免所有的輕率、誇大、奢望與過度恐懼，所有的誤解與小聰明。

那些在知識累積過程中被激發起來的能力，在思考的範圍內對指導者的出現心懷期待，而在讓這種能力發揮作用方面，鑑賞是有它自己的模式以及觀念的。所有端正的、所有美的、所有道德的和正確的，一句話概括，所有完美突出的、經過完善的思考而使人滿意的行為，假如事先不用努力掃除在那些不重視審思作用的人們任意行動的一切場合大量地積聚著的可憎現象的話，那麼對這所有的描述乃是純粹審思活動之愉快的工作。鑑賞是十分嚴格的，它永遠都不會退

縮。生活必須按鑑賞來進行，否則生活將會被它所指責。

　　為了可以圓滿地教人明白思辨與鑑賞這生活的兩個主宰是怎樣決定生活的，我們就需要去找尋一種哲學的體系——教學的鑰匙。

　　可悲的是，我們能夠看到截至目前，我們的哲學還在經常誤解了這兩者相互完全獨立的性質，用思辨來代替鑑賞，或者用鑑賞來代替思辨，這都是錯誤的；可悲的是我們能夠看到哲學是怎樣透過這兩者去壓抑觀察精神與同情，因而也對生活本身造成了傷害；可悲的是我們看到了許多頗具才幹的年輕人時常陷入痙攣般的掙扎之中，因為沒有事先做好準備而來回搖擺於宇宙與自我之間，其中一方對他們而言太過遙遠，兩者對他們而言又過於深奧，以致他們幾乎被磨滅，然而他們還在為獲得的見解「萬事皆空」而頗為自負。讓教師感情上最能產生憤慨的，要數毫無顧忌地將審慎教學的結果棄置於時代的冒險漩渦之中，並為其毫無把握可言的成功作出犧牲。我似乎不必再為這一點再做贅言，只是教育學一定要指出這方面的危險所在。

　　誠然，那些能力出眾的人尋求審思的真正關鍵，並始終尋找目的上達到，這乃是屬於人類過程之內的。

　　但願個別的人可以在茫茫的大自然中不仰仗別人而實現幸福美滿的生活。當生活的波浪不高漲時，自然是用不了多

第五章　教學的結果

大力氣就能讓自己保持在其間的。

不過，處在文明國家中心的我們對人類與社會都感興趣，所以就被這種興趣所驅使，要去尋找一種統一的思想，這種統一的思想也許可以成為無數專心活動中產生一般審思的集中點（很多人都為此耗盡了他們的精力）。沙龍（Shallum）之前非難雅典人說：「個人有理智，個人集合在一起就沒了理智！」在這非難中能夠明白人類自古以來的一種需求，即產生共同理智的需求。

所有專心應當彙集成審思，而持續更新的生活將不斷產生學校。在那懂得培育生活之果實的聰明人存在的時代，事實上的確會是這樣的。請不必抱怨現在一直不斷地產生另外的各種學校，而請多考慮一下這時期的短促和現在轉向這種學校的力量的薄弱。

現在讓我們比過去更忠實地翻譯一下！學校——讓我們為這個崇高的名詞賦予一個正確的含義吧！學校就是閒暇，而閒暇就是審思、鑑賞與宗教的共同財富。對於那些對外界活動與忍受的應變產生同情的觀察者而言，生活就是貢獻。那句苛刻的格言彷彿在將應變作為閒暇的目的，讓審思成為專心的方法，不過我們可以期待並允許從一方面向另一方面變動，從活動與忍受過渡到閒暇，再從閒暇過渡到活動與忍受，就像為了健康與健康的需求而維持人的精神的呼吸一樣。

以上談了不少和心靈狀態有關的特性，只要現代知識可能，多方面的教學就要力求對他進行訓練。在心靈中，生活的樂趣是和內心崇高的感覺一致的，後者懂得怎樣從生活中解脫出來。

第五章　教學的結果

二、對年輕人教育期結束的考察

　　正是當年輕人在其自然的活動中傾注了所有的精力,並大多服務於擴大興趣的時候,其各方面也就表現得更加清楚了,而依附於這各個方面的精神視野將變得越來越狹窄。我們並不對這些方面本身感興趣,讓我們感興趣的其實是一般的結果。

　　每個人都一定要有所活動。年輕人夢想著他的活動,這就是說也夢想著各種方法和途徑、危險與障礙,當然也夢想著大大小小與他的活動有關的一切。所以他對於所有有用的和有害的都感興趣,而對無關的方面則是漠不關心的態度。各種人、各種事和各種科學都將被挑選。他們實際活動的興趣日益高漲,而對所學到的知識的興趣卻越來越少。比如,所學到的古老言語正在走向消亡,已死的語言文字讓位給活的語言。他們努力讓自己的鑑賞與研究達到時代的頂峰,好能夠和同時代人相處。愛情起而替代了同情,對社會的良好願望變成了對某種職業的追求。社會上有善者、妒忌者以及兩面派,所以年輕人不得不戒備、諒解、交際、爭取、威嚇、偽裝和拍馬屁——在這樣多的利害關係當中,多方面性是能夠應付的,沒什麼問題的。

教育者為這種精神上的頹唐而難過是非常自然的。不過，如果教育學本身真正主張透過原來的那種貧乏的教育去避免這種精神頹唐，那麼對於我們這種教育學的愛好者而言，這是可恥的。

不過事情並沒有變得這麼糟糕透頂。由持續而有力的教學所培植起來的一種興趣是扎實的且真正多方面的，其基礎並不受限制，它本身將向生活計畫提出建議，甚至包括選擇或淘汰各種活動的方法與途徑，爭取朋友，創造希望，讓嫉妒感到羞恥。這種興趣將透過純粹地展現正直的人性，此外透過豐富多彩的練習，在行動上表現出來；只要需要，這種練習就立即可以成為熟練的技巧。而輕率的任性將因此得到限制，再也無法隨心所欲。

培養出來的未來的人是什麼樣的由這種發展的趨向決定。這個未來的人願意要什麼，不願意要什麼，都會在這裡區別開來，而他怎麼自己看，也一併將在這裡表現出來。

這種趨向不僅決定了內在的人格，還限制了交際，在與他想獲得他們尊重的人的牢固連繫中，透過他為贏得這種尊重所要承擔的責任表現出來。一切都會在這種趨向中得到評估。只要是年輕人之前學習的、考慮的、練習的，都對他在人群中、在他自身中找到一個位置是有幫助的；正因為這樣，這一切如今就融合在一起，歸於統一。他所希望的、愛

第五章　教學的結果

好的、容忍的還有鄙視的,透過確定其生活的觀念與生活的計畫,以上下和前後的層次組織在一起,井然有序。就大多數情況而言,這種組織的結果將會在未來繼續發生作用。誰投入到公眾活動中去,誰就會發現將自己的許多思想置於他自己的事業之中很難。一旦將愛好從義務中分離出來,就可能導致雙方產生損失。以個人主義開始行事的人,此後就會用疏遠他自己的相反的關係對待他人與事物。不過,在讓同情心理多大程度上對未來命運的選擇發揮作用,在多大程度上願意考慮自己的進一步教育,假如年輕人掌握了對付自己的搖擺心理的話,這兩者是能夠得到保證的,雖然得到的保證不是在實踐上的,而是在意志上、人格上的。

我們在這裡看到的教學結果和性格形成的結果接近。隨著真正多方面性教學的發展,性格的正確方向也就被考慮到了,這是很明確的,不過性格的穩固性、堅定性還有不可傷害性那就是另一碼事了。

如果沒有心理學與實踐哲學的某種前提,還要求可以充分地說明上述兩方面問題,那我們就必須首先像本書已經在前面論述的那樣,將各種概念問題闡明。

第六章
關於訓育

第六章　關於訓育

教育（erziehung）這個詞，詞源是訓育（zucht）與牽引（ziehen）兩個詞，所以人們往往根據這個名詞，將它的主要部分視為我在現在接近論文結束時才開始分析的內容。

通常人們把教育本身和教學進行對照，而我曾經把它與兒童的管理進行過對比。為什麼會產生這種差異呢？

教學的概念有一個標記十分顯著，它讓我們很容易掌握住研究方向。在教學中往往會有一個第三者的東西為師生同時關注的。相反，在教育的其他所有職能中，學生作為教師必須對他產生影響的實體，是直接處在教師的心目中的，而學生對教師需要保持一種被動的狀態。所以，一方面是需要教授的科學，另一方面則是不安分守己的學生，這是首先讓教育工作者費力的事情，也是要在教學與真正的教育之間要作出分工的原因所在。因為我們無疑不可能將管理算作教學，所以它一定要被悄悄地納入到這種真正的教育裡面。這樣，明確地應維持秩序的教育，在教育學中要提出處理混亂秩序的原則彷彿就是不可避免的了。

只要清楚考察下教育的目的就能夠發現，我們對於兒童的一切態度，遠遠不是為他們著想，也遠遠不是完全為了改良他們的精神實在著想。我們之所以限制他們，是為了讓他們不惹麻煩；我們之所以保護他們，是因為我們愛他們，而其實這種愛一開始只含有生物親子以自樂的意義，對這個未

來的理性動物的健全發展的自發關心是後來才有的。因為毫無疑問這種關心是一項十分特殊的工作（這種工作和對動物的照料與保護完全不一樣，和讓牠適應在其中合群地生活下去的條件所做的工作也完全不一樣）；因為一方面必須培養兒童的意志，另一方面必須抑制意志，直到能夠用培養代替抑制為止，所以我們希望由管理對訓育造成的有害混亂能夠得到毫不遲疑的制止，而且是最終的。我們應當明白，如果一切順利的話，一開始地位很重要的管理必須在訓育之前消失掉，我們將會發覺教育者像通常發生的那樣去習慣於管理其實是對訓育最有害的事情，爾後又無法了解，同一種辦法，為什麼對幼兒有效，對大一些的兒童卻常常失靈。於是他們開始幻想：一定要用較聰明的辦法去管理業已變得較成熟的學生。最後，他已經誤解了他的任務的所有性質時，卻還在抱怨年輕人忘恩負義，並且頑固地堅持他這種弄錯了任務的態度，直到他與年輕人之間關係緊張為止，這種關係將一直繼續 —— 且無法忍受和不堪補救 —— 到將來。甚至還有一種類似的情況，雖然危害相對小一些，但是也算糟糕，它產生的原因是，當訓育還在繼續，在它已經到了必須在教學之前停止的時候。這樣一種錯誤，只有是在一種藉以能夠認識應該停止訓育的時刻之標記被它的一種非常隱蔽的性質所掩蓋時，才是情有可原的。

第六章 關於訓育

現在對訓育的概念下定義就容易了。它與兒童的管理特徵相同，它是直接影響兒童的心靈的，它與教學共同的地方在於它們都是為了培養。只是我們應當防止在訓育與管理應採用同一種措施的時候混淆了兩者。在應用的方式上還有更細微的差別，對此我將依次進行闡釋。

一、訓育對性格形成的關係

　　訓育，就是直接影響青少年的心靈，也就是有目的地進行的培養。意思就是，不考慮思想範圍，只是透過對感覺的作用進行培養，好像是有可能的！──假如有人習慣不加進一步探究，信賴由各種特徵合乎邏輯地組成的概念的真實性，那麼也許真會這樣。

　　然而，假如我們看待經驗用的是檢驗的目光，那就顯得截然不同了。一個人陷入到了痛苦與不幸的深淵，並且還長久地停留在這種深淵中，之後他又擺脫了那種深淵，而當不愉快被時間消除之後，他卻還是同一個人，幾乎沒有變化，還具有同樣的見解與追求，甚至表現出同樣的舉動。那些至少留意到了這種情況的人，一定不會想從操縱兒童的情感中得到很大的收穫，只有母親略顯特殊，因為有時候她們相信操縱兒童的情感就是教育兒童！此外，如果有人看到一個粗暴的年輕人可以完全忍受父親多大程度的嚴厲根本不為所動，無論什麼樣的激發方式用在一個脆弱的年輕人身上都會是浪費，他們對這類行動的反應是那麼的短暫，而不會看到他們由弱變強，那麼發現這些情況的人會向教育者提出忠告，別在自己與年輕人之間造成一種糟糕的關係，而這種關係往往也許是純粹的訓育留下的唯一結果！

第六章　關於訓育

我覺得這一切經驗都無非是一種最簡單的心理學信念的證明。這種信念就是，所有的情感都僅僅是業已存在的各種觀念的短暫的變更，所以，當變更的原因不復存在時，思想範圍就會自動地恢復其原有的平衡狀態。單純的激發兒童可接受性的工作中唯一能讓我指望的結果，將是對細微的情感造成不幸的挫傷，否則，代替這種情感的將是一種矯揉造作的敏感性，隨著歲月的流逝，這種敏感性除了會造成自負及其有害的後果外什麼都不會有。

但是，當有時思想範圍也會得到充實，或者在努力化為行動並變成意志時，那麼情況自然就截然不同了，這種情況我們應當提起重視，好能夠對各種經驗給出正確的解釋！

從這一點出發，我們能夠對訓育對於教育可能有什麼關係加以判斷。學生會受到情感的各種變化，這所有變化無非是確立思想範圍或性格的必經之路。所以，訓育對於性格培養而言是雙重的——直接的和間接的。它一部分是幫助教學，讓教學成為可能並對一個業已獨立的人今後性格的形成產生影響；一部分是發揮這樣的作用：透過行動或非行動直接讓學生產生或不產生初步的性格。我們無法對一個無法駕馭的兒童施以教學，而且在某種程度上來說，這個兒童的胡鬧其實是可以視為其未來個性的顯露的。

但是，眾所周知的這種顯露的局限性很大。一個放縱的兒童，他的行為多半出於膚淺的即興，雖然他藉以學習他能夠學的一切，不過他在這方面不具備固定其意志所必需的第一個要素，也就是堅定的、根深蒂固的欲望。只有當這種欲望成為基礎的時候，孩子的胡鬧才有可能被確定為一種性格。所以，訓育對於性格形成的第一層關係非常重要，這是訓育賴以為教學開闢道路的關鍵一步，教學由此能夠進入到兒童的思想、興趣與欲望中去。不過第二層關係也不容忽視，至少在那些對變動較少並以堅定的目的行動的主體進行訓育時不容忽視。然而，一開始時對訓育提出的概念，單就本身來說根本是空洞無物的。單純的培養意圖，其對心靈產生的直接影響，不足以讓它成為一種實際可以發揮培養作用的力量。那些憑藉這種空洞無物的訓育說明他們具有良好志趣的人，他們並不懂得怎樣透過他們自己進行的表演影響脆弱的性格，他們時而膽怯、時而溫柔、時而迫切的行為讓觀察著的兒童感覺通常受尊敬的某一個人所關心的事物乃是十分重要的事物！他們一定要注意，不要透過其他的途徑來破壞這種表演，不要以狂熱和瑣事來窒息兒童對他們的崇敬，或者赤裸裸地從較壞的地方思考兒童坦率而尖銳的批評。這樣，即使他們對於那些不太願意接受教育的兒童還無法確保其教育的成功，而他們對那些敏感的兒童卻可以不斷獲得很多的成績。

第六章　關於訓育

二、訓育的措施

　　訓育能夠激發情感，或者抑制情感。它能夠激發起的情感，要麼是樂趣，要麼是反感；它要抑制的情感的途徑，要麼是避開可能引起情感的事物，要麼是視事物無足輕重，也就是要麼容忍，要麼視而不見。

　　在避開事物的情況下，不管是事物遠離學生的活動範圍，還是學生遠離事物，通常來說，學生都根本無法經驗到什麼；他至少無法直接感覺到這種訓育措施。

　　漠不關心的容忍意味著習慣。對已經習慣了的事物視而不見，這是戒除習慣的結果。

　　樂趣能夠透過誘導來引起。雖然好像不是任何誘導都能引起愉快的感覺，不過訓育處於獲得成果的目的要激發每一種樂趣；它要藉以引起學生的活動，它正是在這方面進行著誘導。

　　反感來源於壓制。只要有某一種反抗（就算只是內心的反抗）與這種壓制相對立，壓制就能夠稱為強迫。

　　因學生的某種緣故所引發的，並可以視為對這種緣故的回答的某種刺激或壓制行為，能夠稱為獎勵或懲罰。

　　就壓制、強迫、懲罰來看，需要對一些細微的差別予以

注意。主要是因為在這裡管理的措施與訓育的措施好像融合在一起了。

　　在管理有時需要向壓制措施求助的情況下，它只是讓人感到它是一種力量。所以，如按以前我們依據管理目的的規定的假定，能夠認清一定要進行管理的場合，那麼下面這條規則就是適用的：在這些場合，壓制必須只是用來完成管理目的的，而不存在別的意圖。我們在使用時應當冷靜，不動感情，不拖泥帶水，一旦事情已過，就要一切都彷彿忘記了似的。比較家庭與國家能夠得出一些和懲罰程度有關的重要結論來。在這方面是不怎麼有原則的，不過我將嘗試盡可能簡單明瞭地將我要拿來當例子的說明。我們應當將違法本身和反對家庭警察的這種違法區分開。違法本身，比如一種壞的意圖變成行動（故意），或明知要留意而不留意，以致有了損失（部分過失）。毫無疑問，無論了不了解事先作出的規定，這些違法行為都能夠進行懲罰。在懲罰時，可罰程度是要考慮進來的，在這方面管理只是關注行動造成的結果，而訓育則還要看還沒有付諸行動的意圖。凡是在應當有意圖而沒有意圖——比如忽視——的情況下，懲罰常常可以是相對輕微的，越無法證明過失一定會有意圖，懲罰程度就應該越輕。一定要透過規定讓人了解家庭警察並記住他。其懲罰的輕重可以根據事情的重要程度定奪。不過，在這方面教

第六章　關於訓育

育者一定要尤其避免沒有不將這種懲罰與影響心靈的行為混合起來，後者只應該留給訓育措施去完成。懲罰的等級劃分對於國家而言都是難的，對於家庭而言就更難了。在家庭中所有的事都必須化為小事來處理。不過這主要由管理的調子決定，兒童透過這種調子一定要有這樣的感覺：在這裡，他過去不是，現在也不是被作為學生對待的，而是被作為社會中的一個人來對待的；他一定要透過這一點來為他在今後社會中的生存作好準備。從某種角度來說，精明的兒童管理乃是教學的一部分。

訓育的調子截然不同，並非短促而尖銳的，而是延續的、不斷的、漸漸地深入人心的，也是漸漸停止的。因為訓育要讓人有一種陶冶的感覺。即使這種印象並非這種陶冶力量的實質，然而它無法掩飾陶冶的意圖。即使它可以掩飾的話，它還需要提出意圖來，好讓人接受。假如並不能預見到某一種有益的、讓人進步的原則寓於訓育中，那麼誰能不反抗那種常常壓抑快樂，並不斷讓人產生從屬感的待遇，至少心裡反抗呢？訓育不應以詭詐的方法來對兒童的心靈產生影響，也不應違背其目地讓兒童去接受。也就是說，不管怎樣不應該讓學生在內心與它產生對立，就好像兩股力量在按對角線方向用力。不過，假如不讓兒童相信教育者的善意與力量，那麼從什麼地方可以兒童產生真正的、坦率的接受他

的訓育的敏感性呢？一種冷冰冰的、令人討厭的陌生的行為如何可能導致這種信賴呢？相反，訓育只有像內心經驗一樣讓受訓的人心悅誠服，它的作用才能發揮出來。不管引起興趣的衝動和對公正評價的承認，還是引起對失敗或成功的痛苦或愉快的感覺，訓育的力量只能達到讓學生贊同它。正在成長著的教育工作者必須就像他一點點地獲得學生的這種贊同和逐步地向前推進那樣，一點點地擴大他的影響。作為兒童樂意接受（因為他必須接受）的管理的一種緩和性補充，訓育對對早期兒童進行的工作是有幫助的。這在未來將會有所變化。一個管理自己的年輕人，在訓育中感覺到要求接受培養，有一種被糾纏不休的感覺，還得不到信任、尊重，特別是符合他內心情感所特有的需要充分的補償。假如這時教育者不懂得停止訓育，那麼年輕人拒絕教育者施加的影響的努力就會漸漸浮現。這種努力不難成功，因為就像他們的勇氣迅速增長那樣，克制行為的消失還有就要自行解體（這種解體已經被推遲了）的師生關係中的不愉快部分也會迅速上升。

現在我們來抓住事情的核心環節吧！訓育與其說原來是很多措施、各種完全不一樣的行動的混合物，不如說它是一種連續的處理工作，它只是在為了強調時，才會訴諸懲罰與獎勵以及其他類似的方法。管理者和被管理者、教育者和受教育者，是在一起生活的人，發生愉快的或不愉快的相互影

第六章　關於訓育

響是不可避免的。我們在接近一位熟人時，不是要進入到一定的感情氣氛中去嗎？是什麼樣的氣氛，這對於教育而言，不可以依賴於想當然，而需要持續的認真分析，其目的首先是，如果這種氣氛是危險的，可能變為有害的，那就要將其影響削弱；其次讓它的有利影響不斷加強，一直讓它達到性格形成得到了保證的那種程度，不管是直接的形成，還是透過思想範圍間接的形成，都能得到保證。

非常明顯的是，訓育藝術原本只是人們交際藝術的一種變種，所以，社交中的隨機應變藝術將是教育者的一種傑出的才能。這種變種的實質在這裡由教育者保持對兒童的優勢決定，讓兒童感到一種教育的力量，甚至在壓制他們的時候這種力量還存在；不過這種優勢在直接誘導和鼓勵他們時，則是按他們的自然方向進行的。

訓育在發現一種透過感人至深的讚許（並非表揚）來突出學習者自身較好的一面的機會之前，是不會獲得真正的進展的。只有在責備停止作為消極力量單獨存在之後，兒童才會接受它，所以它必須讓兒童意識到業已獲得的讚許部分要被取消的危險。這能夠讓已有自尊而擔心失去讚許的兒童感到內心受責備的壓力。假如一個教育者不想讓一個一味地受責備的學生像這個學生自己看待自己那樣看待他，那麼他一定會變得激憤起來。

凡是單純的責備發揮作用的地方，自尊心先可以發揮作用了。對這一點教育者也許可以試探，但是不能對這種自尊心盲目地依賴。覺得兒童不會完全沒有自尊心是不夠的。它一定要達到責備能夠賴以進行的程度，才能採用單純責備的措施。不過讚許只能發生在值得讚許的時候！這一點非常的正確，同樣也是正確的是：除了思想範圍的可塑性問題以外，對於決定教育的可能性而言，沒有別的問題的重要性高於這個問題了：兒童身上是不是已經存在各種值得教育者關注的性格特徵？至少個性會自動地表現出某些禮貌的跡象來，讓教育者採取提高的措施。只要是在教育者一開始只能採取極少措施的地方，他都不應該操之過急。訓育首先只能依靠一個火苗來將第二個火苗點燃。教育者必須在較長時間內對此表示滿意：以少許措施贏得少許結果，一點點地直到基礎越來越大（假如工作沒有遭到干擾破壞的話），並足以實現和教育任務相關的工作。

　　運用應得的讚許為兒童送去快樂，這是訓育的出色的藝術。想將這種藝術教給誰很難，不過真心熱愛這種藝術的人得到它卻很容易。

　　同樣也有一種不愉快的藝術，就是對兒童的心靈造成一定的創傷。我們對這種藝術也不可蔑視。當兒童不聽簡單的訓話時，它往往是不可或缺的。不過，教育者一定要自始至

第六章　關於訓育

　　終都用溫和的感情來控制它,同時讓人原諒它,使它被寬容;而且一定要只是為了克服學生的頑固傲慢時才應用它。

　　和一位歌手練習發現他那音域與最細微的音階類似,一位教育者必須不斷練習在思想上摸索對待兒童的音階。這樣做並非為了滿足於這種遊戲,而是想要透過尖銳的自我批評來將任何一種不協調的聲音排除,為了在發每個聲音時達到必要的穩定性,對於所有的變化具有必要的靈活性,並對自己器官的局限性獲得必要的知識。他理由充分,在最開始的幾個月中畏縮不前,他往往不得不運用超出禮貌交際慣用語調的聲音說話;他理由充分地以最嚴格的態度來觀察自己和學生。是的,這種觀察一定是對他逐漸形成的習慣不斷作出修正的標準;這種觀察將越來越重要,因為學生會始終隨著時間的推移而變化!最後一點就大的方面來說是對的,就小的方面來說也同樣是千真萬確。假如需要反反覆覆地提醒兒童,那麼用同樣的方法提醒兩次是不可取的,否則因為第一次已經發揮作用了,第二次恰恰會失效了。一定要在訓育中將一切單調無味的東西排除,如同要把它們從好演說、好作品中排除。只有當這種審慎的態度結合了某種創造力時,教育者才有獲得他所需要力量的希望。因為訓育的範圍對於兒童而言彷彿是無限制的,對他來說其影響的價值是無可比擬的。訓育應當像一種總是連接在一起的原子一樣,環繞著兒

童的所有活動轉，從而也讓他不會產生能夠將其避開的想法。訓育一定要始終準備著讓自己能夠為兒童所感覺到，不過如果它要能真正發揮一些影響，也要不斷地注意它自己，防止操之過急而讓學生遭受不必要的痛楚。一個天性溫順的兒童能夠忍受很深的痛苦，他能夠默默地忍受痛苦，將其深埋心間，到了他成年的時候還可以有所感受。

　　學生需要有一種完全的健康，好能夠承受完善的訓育產生的充分的影響。假如我們要照顧學生不夠健康的情況，那麼許多教育就不能進行了，所以有益於健康的生活制度是教育的基礎、教育的首要準備。

　　假如師生雙方所有的都像要求的那樣，那麼學生極純潔的可接受性將與恰當的訓育達成一致。然而一切都會是消逝的，就像音樂一樣。假如石頭在這陣音樂之後沒有將自己築為城牆，從而在清楚的思想範圍構成的堅固城堡中，為性格提供一個舒適安定的居所，那麼任何效果都不會得以保留。

第六章　關於訓育

三、訓育的普遍應用

（一）訓育對思想範圍形成的合作作用

　　訓育對形成思想範圍的這種合作不僅會影響授課，而且特別會影響到兒童的整個情緒。在授課時保持安靜與秩序，排除任何不敬重教師的跡象，這是管理的事情。不過，注意與靈活的理解和安靜與秩序還有一點差別。兒童能夠被訓練得安安靜靜地坐在那裡，卻一句話都聽不進去！很多方面進行配合才能讓學生注意。教學一定要是可以理解的，但是說教學是容易些還是難一些好？答案是難一點更好，要不會讓學生厭倦。教學一定要始終保持同樣的有趣，我們在前面論述過這一點了。不過學生也要帶著恰當的情緒來上課，這種情緒對他而言一定要是習以為常的。這些就是訓育的任務了。整個生活方式一定要擺脫了干擾。學生的心靈不應由一時占優勢的興趣所盤踞。自然，這並非一直是教育者所力所能及的，也非教育者能夠確保力所能及的。他的工作成果往往可能由於個別偶然引開學生思想的事件而被徹底毀掉。他把握較大的力所能及的是，透過整個訓育讓兒童養成很深的感情，讓他明白全神貫注對他的重要性，以至於覺得上課不集中思想是不可原諒的。實現了這一點的教師，當一種有力

的偶然影響將他辛勤獲得的兒童的興趣轉移去了別的方面時，他也許會覺得悲傷。不過他不得不讓步和接受，並同情地伴隨他的學生；他不能造成比他不適時宜地去禁止學生而破壞師生關係更大的錯誤了。雖然兒童多多少少都會分心，不過一個人的思想如果已經受過陶冶，那麼他最終仍然會憑這種特性收回心思。當他回想起過去的事物時，教育者能夠將他的思路連接起來；當他思索新的事物時，教育者能夠抓住時機分析它。只是必須始終保持他原來的那種可塑性、意欲與坦率，或者重新為他創造這種可塑性、意欲與坦率，因為訓育的一切直接影響都是易逝的。

如果兒童已經達到了能夠自動尋求其恰當的途徑的時候，那麼他就需要比較多的安靜了！這時候的訓育應該漸漸地將各種要求放棄，它一定要局限於對兒童投以同情的、友好的、信任的目光的範圍。對，所有的勸告無非是要引起兒童自己的思考。在這時，友善地幫助兒童排除所有不適當的干擾，好讓其內心世界達到純潔是最妥當的，也是最值得感謝的了。

（二）透過訓育來形成性格

應當怎樣來限制與鼓勵自我行為呢？

這裡假定管理已經能夠控制所有的不良行為了，這種不

第六章　關於訓育

良行為除了它直接的明顯的結果以外，甚至還可以在兒童的心靈中造成不誠實和和粗魯類似的特性。

我們首先不應當忽略的是，不只是那種為我們所感覺到的活動屬於人的行為，在人的內心實現的那種活動也是屬於人的行為的，這兩者只有結合才能構成性格。健康兒童所表示的其出於運動需求的多方面活動、天性不定的兒童的不停的動作，甚至顯示一種粗野的男子氣概的兒童的放肆娛樂，所有這些乃是兒童未來性格的虛假象徵，它能夠給予教育者的啟示，並不多於心靈已安定下來的兒童所表現出來的個別緘默的、深思熟慮的行為給予教育者的啟示，也不多於一個平時比較順從的兒童作出唯一的一次堅決的反抗給予教育者的啟示。所以在這方面教育工作者還必須常常將思考結合觀察。兒童絕對沒有真正的堅定性。他們無法避免思想範圍的變異，他們面臨的是來自多方面作用造成的變異——我們希望教育者方面也能夠影響他們來造成這種變異。不過，當由深思熟慮形成的堅決傾向在兒童行為中顯示出來時，訓育就不會有什麼效果了。在將訓育機會切斷之後，我們就無法繼續運用訓練來讓兒童產生堅定性，因為在這時我們只能留意怎樣完美地將這種機會切斷，並承認我們根本無法阻止兒童的幻想，要是我們不願接受這一點，那麼除非我們有了另外一種活動，一種極生動、極具吸引力的、可以重新影響思

想範圍的活動。所以,如果能夠排除兒童的某種乖僻的話,這種活動是我們應當關注的;而訓育在這方面主要發揮的是合作作用。但是,在這種場合我們應當將嚴厲的懲罰方式完全拋棄!只有當兒童不假思索地一次、兩次表現出一種孤立的、新的錯誤衝動,並有大膽重複的趨勢,以及存在對他心靈造成一種壞品性的可能時,這種嚴厲的懲罰方式才能採用。在這裡訓育必須馬上予以堅決的干涉。比如第一次利己的說謊恰恰應該予以極嚴厲的懲罰;恰恰能夠讓他對此產生經常的(漸漸地平緩下來的)回憶,從中獲得持久的告誡;恰恰能夠讓他內心感到極深刻的痛苦,從中得到責備。

而對於一個老練的說謊者而言,這樣的處理可能會讓他變得更隱蔽,也更狡詐。他所處的不正常狀態,必然會讓他有一種越來越大的壓力在步步緊逼著他的感覺,然而只是這一點還是無濟於事的!我們應當讓他整個心靈都覺得提心吊膽,讓他感到並推測是否還可能得到別人的尊重,而這種尊重是和欺騙勢不兩立的。不過,是不是有人並不具備從各方面來影響兒童思想範圍的藝術,還能做到了這一步呢?或者說,是不是有人覺得這取決於某些孤立的勸誡與說教呢?

那些外部的多方面活動,如果不具備始終不渝的傾向和深思熟慮的思考(而且在其中所表現的身體方面的特質甚於精神方面的特質),那麼性格就不可能形成,相反,它們會

第六章　關於訓育

對性格的鞏固產生阻礙的作用。可以認為外部活動是快樂的表示，對健康與敏捷性有幫助，甚至會為教育者提供時間，來為以後確立兒童的性格作好所有的準備，就這一點來說它是有益處的。而另一方面，它為什麼不受歡迎？還是因為較遲的性格培養很容易將教育時機錯失。所以，要是耽誤了思想範圍的形成，或者徹底糾正思想範圍的形成，那麼什麼都不會有年輕人的習氣長期動搖不定更受歡迎；另一方面，假設現存的思想範圍有希望形成正確的性格，那麼現在就是讓為了讓一個人的性格很快固定下來而進行嚴肅工作的時機了，無論其是不是需要若干年的時間。誰被人明顯過早地投入行動，誰的教育時機就已成為過去。或者，教育這種人的工作至少是很麻煩的，還只能事倍功半地重新開始。

　　然而，最根本的還是，我們絕對不要過度激發兒童的外部活動，以致讓干擾到了精神呼吸——專心和審思的交替。對有些人而言，教育的原則一定是：從他們的早年開始，就要防止讓他們的活動受到過度的外部刺激。否則，他們就絕無達到思想的深刻性的可能，並形成禮貌、獲得尊嚴。他們在世界上將沒有地位，將只是為了有事可做而弄糟一切事情；人們將懼怕他們，只要有可能，人們會選擇避開他們。至於有些人，他們很早就專心而狂熱地投身於不要求腦筋的職業，對於他們我們能夠很有把握地斷定，他們終將

頭腦空虛，他們的情緒甚至會變得非常惡劣，因為生活現在還能給予他們的情趣，絕無以同樣的強度保持下去的可能，也絕無讓他們不覺得枯燥無味的可能。

在論述了這些之後，我們還需要探討一下前面已在性格的客觀部分和主觀部分所提到的差別。

就意志的記憶而言，首先是一定要透過訓育來充實素養。這就能夠讓我們想到簡單劃一的生活方式，也就是避開所有讓人分散注意力的變動，充實素養是有幫助的。但是教育者的處置到底對此有多大的作用，這一點，只有在我們從與各種意識堅定或不堅定的人們相處中獲得不同印象時，才可以很容易地感覺到。與意志不堅定的人相處，我們始終會覺得我們與他們的關係一直在變化；在和他們相處中，我們需要用相當於與另一種人相處的雙倍力量來讓我們自己堅定。與另一種人相處，他們會不知不覺地讓我們對其沉著與堅定有所了解，並使我們始終看到同一種相處關係，我們因此能夠在平坦的大道上前進。不過，在教育中，我們需要在同樣的境況下始終對兒童示以同樣的面目，這是極其費力的，因為有那麼多的事物讓我們激動，而是兒童不可能感受到、不太能理解這些事物的。當好多的兒童聚集在一起時，教育工作本身對他們的影響可以是多種多樣的，以至於我們需要給予每個兒童特殊的關心，為每個兒童已被激發起的情

第六章　關於訓育

緒留有餘地，不要混淆了對待他們的不同辦法，不要讓其錯成一團。這裡要考慮到教育者的天然特質還有他與人打交道的經驗。如果他並不具備這一種特質，而在那種經驗方面又顯得不怎麼樣，那麼他不能充分地懂得控制自己、讓自己保持沉著堅定，往往就是訓育失敗的根源，還會讓那些信任他、將教育工作託付給他的人也感到困惑，並放棄做得讓他滿意的希望。後一種情況與培養性格的訓育所提出的基本要求恰恰是徹底對立的，因為這樣一來，業已存在的意志的記憶將會減少得根本不能進行訓育；而性格被迫在某種隱蔽的深處發展起來。所以，作為支柱的訓育（我用支柱這個詞來表達訓育對於意志的記憶有合適的合作作用），首先將會在天然具有沉著特質的人那裡得到成功。

雖然這樣，那些能夠誇耀自己有這種特長的人，應當避免第二個要求的喪失。訓育也應該是有的放矢的，只有這樣，才會對訓育措施有所選擇。這裡面包括要求教育者頭腦靈活，懂得怎樣始終和年輕人的心靈活動相適應。這不僅由教育者的特質決定，更由他的思想的集中程度而決定，他必須出於教育工作的需求而做到這樣一種集中，甚至將大部分的心血獻給學生，好讓他能夠透過自然而然的反作用來影響學生。他一定要投身於兒童正當希望的一切中去，也就是某種程度上基於他們所有的意見與觀點之中；他不應當過早地

對兒童那種能夠向他提供與他們接觸機會的事情進行嚴厲的糾正。我們要影響人，就一定要接觸他，但是，這一點透過行動來表白的效果要比透過筆墨更好。就具有決定性影響的訓育的第二點來說，論述相對容易，這一點就是，教育者一定要在兒童周圍營造具有充分影響力的那種自然而然的感情氣氛，一定要用各種行為方式與思考方式的結果來感染他。教育者不應該使用模稜兩可的模糊思想去迷惑兒童作出的選擇；不應該使用一時的快樂或困擾來誘惑他們，吸引他們或者嚇退他們；一定要儘早讓他們感覺到事物的真正價值。在這樣的教育進行過程中，真正的教育性懲罰將會變得明顯起來，這種懲罰不像管理性的懲罰那樣，和報應的程度連繫在一起，而在程度的衡量上，一定讓兒童始終覺得這種懲罰是一種善意的警告，從而不會導致他們對教育者產生持久的反抗。在這裡，一切取決於兒童的感受方式。至於懲罰的性質，教育性懲罰與管理性懲罰的差別彷彿是不言而喻的：後者不管採取哪種途徑，都只是對好與惡的應得報應量的回答；而前者卻是要盡量避免給予正面的、專斷的回答，並且只要有可能，應該全部遵循人類行為的自然結果。因為教育性懲罰應該儘早這樣地影響學生，就像當他具備了成熟的經驗（比如吃一塹長一智）就將自己掌握自己一樣。此外，教育性懲罰作出的選擇往往是暫時的，換句話說就是以後會變

第六章　關於訓育

動的。我們應當按照上面說的這些原則來確定教育的獎勵措施。不過，如果不將獎勵所注重的整體處置作為基礎，那麼這種獎勵的效果將不會有多大。這一點說得已經足夠多了，它已經讓教育者非常的忙碌的了。

正如前面所說的，性格的客觀部分原則上基於自我表現之中。透過調整措施，訓育與此合作。同時，如果學生已經作出選擇，而不再舉棋不定，那麼應該在這方面避免所有可覺察到的干涉與干擾。學生將會自己採取行動，教育者只有按學生自己提供的衡量尺度來衡量學生，教師的處置會讓學生認為這種處置無法理解，也就是不懂得怎樣來對待一種前後不一致的行為，結果讓師生互動出現停頓，教師只能等著年輕人樂意重新回到慣常的軌道上來。有時候，教育者需要使那些想要早一點長大成人的兒童，對其所考慮的原則的不成熟性與草率性予以關注。這一點卻是很難直接做到的，這是因為堅定性尚值得懷疑的人很容易被教育者傷害。如果有機會，教育者應當讓那些愛按推理行事的年輕人陷入自己造成的麻煩中，或者也可以讓他在和外界互動過程中碰碰釘子。如果時機恰當，這很容易讓這種不知所措的年輕人恢復謙恭的態度，讓他明白他下一步的修養要求。如果我們越能成功地將這些想像的原則限制於單純的自我決定的初步實施範圍內，那麼一個人作為準則的真正的信念就越會清楚地表

現出來，透過相應的主觀部分性格的真正的客觀部分將會得到加強。不過，這裡是有暗礁的，通常來說，正確的教育碰上這種暗礁也容易失敗。那些真正出自心靈深處的行為準則，是不會受到純粹的推理所受到的那種對待的。假如教育者有過一次蔑視那種被學生視為是真正嚴肅的事情的話，那麼這將會讓他將長期工作的成果喪失。對此他能解釋，也能指摘，唯獨不能輕視它，僅僅把它看成是空話。不過，在很自然的疏忽中很容易出現這種錯誤。多言的年輕人，當他們處在嘗試表達的時期，往往會把這種嘗試帶到語言中，以此來表達他們最真實的感受。他們無意中招來的批評會讓他們覺得遭到了莫大的不公正。

假設訓育是值得進行的，那麼它應對兒童試圖堅持自己原則的抗爭有幫助。這由關於兒童心靈狀態的詳細知識與教育者的權威這兩點決定。因為兒童自己行為原則中存在著的內部權威一定要透過一種和其完全一樣的外在權威得到補充和強化。教師自己的行為也應遵循這種看法。細心觀察正在奮發向上的兒童應當走在前面，然後對自己冷靜的、堅定的和謹慎地表現出來的嚴肅態度不斷地完善。

考慮到道德教育的，要對這一切作一定的修正。覺得意志的記憶始終是值得歡迎的這種觀點是大錯特錯的。在面對兒童錯誤的追求這種情況時，訓育的藝術就在於讓這種追求

第六章　關於訓育

陷入混亂，感到羞愧，然後透過各種可以讓兒童心思轉向別的方面或相反方面的事物，讓他們遺忘掉這種追求。行為的選擇不應當完全取決於由行為發生後會產生的印象深刻的結果，否則會有讓那種不問結果的善的意志變得模糊不清的可能。性格的客觀部分，在我們促使它提高到原則並透過抗爭來保持它以前，首先應當讓我們透過道德來展開評判。

在兒童的早年，當兒童被教學與環境賦予最初的道德觀念的時候，因為看起來兒童的心靈是活動於這種觀念中，所以我們就只觀察這一時期的情況就可以了，別去損壞它。一定要讓兒童的情緒保持平靜與清澈。這是在這裡訓育應當作出的第一個貢獻。總有人說，我們應當保持兒童的童心，從某個角度來看，這一點常常還不能說得非常充分。但是，是什麼將這種童心，這種對於世界無所偏見也無所追求，也正因為如此才可以發現其所能夠發現的一切的童心給摧毀了呢？所有與那種自然地忘卻自我對立的行動都能摧殘這種童心。健康的人是不知覺他的身體的，恰恰是從這一意義上來說，不應該讓無憂無慮的兒童知覺他的存在，好讓他不將這種存在作為衡量他以外的事情重要性的標準。這樣就能夠指望在他的觀察中將有清晰的觀念，分清在道德上什麼是對的，什麼是錯的，而且可以用這種觀念和看待別人一樣來看待他自己，如同了解特殊從屬於一般那樣，他能夠將自己置

於自己的那種評價中。這就是道德修養的自然起點，其本身是脆弱的，也是不夠堅定的，但教學能夠強化它。但是這種起點將會被每一種突出自我感覺的強烈而持久的刺激所干擾，自我感覺突出就讓自我成了與外界的一個連繫點。這樣一種刺激可以是樂趣，也可以是反感。後者出現在疾病與虛弱的情況下，甚至在容易激動的心情下也可能出現。教育者早就清楚道德發展將會被這種情況所影響。導致反感的情況也可能出現在受教育者被嚴厲地對待、頻繁地嘲弄，或者兒童各種需求遭到忽視的情況下。與此相反，我們有充足的理由建議，兒童自然的快樂一定要予以滿足。不過，教育學也有同樣多的理由來對所有透過讓兒童感受樂趣來突出自我的做法加以勸阻。這一切就是毫無意義地激發兒童的欲望，讓某些本應在今後的願望提前出現，總之，這一切就是在培植虛榮和自負。我們要做的應該與此相反，兒童、少年和年輕人，每個年齡階段的人都需要習慣於忍受其所招致的責備，並將這種習慣保持住，只要這種責備是恰如其分的，也是能夠理解的。訓育的要點就是讓兒童關注周圍人的普遍意見，即大眾意見，對這種責備予以正確的對待，不要畫蛇添足以牴觸這種責備。讓兒童理解大眾的這種意見，並透過內心的默默懺悔來將其強化，這比讓兒童習慣忍受責備容易，但這無疑並非畫蛇添足。假如教育者一定要獨自代表那普遍的

第六章　關於訓育

意見，或者從根本上違背這種意見，那麼要讓兒童重視他的責備是很難的。這時尤其重要的是他應當具有壓倒一切的權威，也許沒有別的任何判斷能夠為兒童所尊重了，除了這種權威以外。在兒童早年時期，道德的初步教育基本是和對他們的評價融合在一起的。這時我們不妨將這種初步教育讓給母親們與各種出色的兒童作品，不過請注意別將這種教育變成了灌輸箴言，即使一切都進行得十分順利，這種做法也會讓性格主觀部分的培養操之過急，以致不但干擾到性格的培養，而且還會危害到兒童坦率態度的形成。

在這時期，透過排除所有可能讓兒童的想像習慣於道德所厭棄的現象的事物，來保護與促進兒童的溫順感情是適宜的，同時還是非常必要的。只要兒童的身體有不斷地保養與愛護的需求，那麼就不必對保護與促進兒童的溫順感情所必要的注意附加什麼特別的約束措施。當孩子能跑能跳時，母親不應當阻止孩子去野外自由奔跑。教師不僅關心兒童身體健康之外，還對他們的道德提心吊膽，甚至在兒童年齡越來越大時還想干涉其一切的環境，這是不明智的。這種提心吊膽的態度彷彿忽視了這樣一點：嬌慣從道德角度來看就像從任何別的角度來看一樣，是對確保個人抵禦氣候侵害最差勁的做法。阻止外界寒冷的侵襲並不等於增加內心的溫暖，而恰恰相反，道德的加溫源頭多半在內心的活動與激奮，外界

壞的刺激能夠讓業已存在的道德力量漸漸地注入這種活動與激奮中去。只有那種粗心的教育者，才會以為他的兒童會將他看到的一切當成榜樣，然後模仿。適當的教育能夠讓學生為他自己探索到一條修養的途徑，並讓他如同觀察與判斷一種奇異現象一樣，對待粗野兒童的一切行為，覺得這種行為是無法和他的追求等量齊觀的。如果他和他們相處，他們常常會讓他那溫良的性情感到受了侮辱，另一方面讓他開心地感受到了他精神境界的優越性，讓教育者，如果他過去是按另一種方式盡他職責的話，現在就得費很大的力氣，才能讓他所訓練過的學生和因別的命運耽誤了訓練的兒童重建起必要的互動關係。不過現在有意建立的交際能夠讓學生的傲慢受到挫折，與此同時，不道德的行為衝擊他衝擊得越激烈，這種交際越會讓他的自信心去尋求道德方面的支撐。

　　訓育一定要在這一過程中關注環境方面。自然，這方面假設已經確立的道德觀念是明顯強而有力的。在這裡，要在什麼程度上考慮思想的範圍？為了不重複論述，對這個問題我只說一下處置最重要的方面。默默地，但是卻是充分地和全心全意地給予兒童的那種應得的讚許，這是同樣充分的，也是同樣有說服力的、認真權衡過的，並透過種種措施得到強化的責備必須賴以產生效力的方法。這種方法一直要應用這個層面為止：兒童表現其內心世界充分占有了讚許與責備

第六章 關於訓育

這兩者,並可以運用這兩者來控制與推動自己。因為這樣的情況或遲或早總會出現,那時教育者的話就會成為多餘的話,教師想要繼續說的,學生自己都可以同樣正確地表達出來,師生間從這時起開始出現某種信賴。在以前這完全是不適宜的。這種信賴是以考慮師生共同事情的形式出現的,不時地反省一個人就道德層面來說那些得檢點一下的事情。

在這裡我們已經闡述了道德決定與自制的範圍。假如斬釘截鐵的語言的話在這範圍裡並不適合的話,那麼經常性的提醒,和始終比較溫和的警告,兒童始終如一地注意自我觀察卻是大有幫助的。因為對於道德而言,它不僅由決心的力量與善良決定,而且在許多方面還取決於它與思想範圍一切方面的共同點有多少。道德批評具有的一種無所不在性,是道德真理存在的一個必要的條件。從局外人口中提出的道德批評基本沒有很溫和的可能;而退一步講,當我們用強烈的語句很徹底地責備和勸誡兒童的時候,我們應當注意時機的選擇,好可以綜合觀察和糾正一系列事件。我們應當超越只能作為例子的個別現象,站在較高的角度來對它進行觀察,讓一般的觀察獲得清楚的結論,要不然就顯得有點小題大做了。

最後,關於對道德衝突的幫助問題,這方面師生之間的所有現存關係,也就是他們可以如何相互接近、相互接觸,

是具有決定性的作用的。信賴在這方面是多麼值得希望；相反，那種要將事實上缺乏的信賴假定為業已存在的行為害處是多麼的大。能不用一般的規律來將這些說得更詳細些呢？我寧可將這種說明委之於教育者的人道與熱情，讓他非常審慎地去探究場合與方法，也就探究在危急關頭他在什麼地方以及怎樣最有把握和最有成效地去掌握與提高其所照料的兒童。

第六章　關於訓育

第七章
對訓育特殊性的考察

第七章　對訓育特殊性的考察

　　一本詳盡的《教育學》在這裡本來是有詳細地論述其觀察與試驗得來的全部寶藏的機會的，而我之所以沒有進行整體性論述，反而將作一些比本書計劃所允許的更簡短的說明，原因有二：第一，在一定要論及道德的各種表現與道德訓育的地方，我需要明確地提示讀者去讀我那還沒有出版的《實踐哲學》(Allgemeine praktische Philosophie) 一書；第二，我能夠假定，所有本書的讀者之前已經學過了尼邁爾的著作。在我們看來這一著作已成了經典著作。這本著作的語言與論點的前後一貫性已經足夠讓它稱得上經典，而在我看來，它尤其有價值的是它對於教育活動的全部特殊性進行了充分周密細膩的探討。這種探討集中的地方，以及也許比別的地方價值更顯著的內容在此書第一卷第 113 節到 130 節。關於各種德行和惡行方面，這些章節提出了道德教育的特殊原則。這裡我請讀者在比較尼邁爾先生的原則與我提出的原則時，主要應該是找出共同點，而不是不同點。我覺得這樣一種比較就整體來說比人們糾纏於「有多少新的？」這種習慣性問題要更加有益，對我來說也更加榮幸。尼邁爾先生在前言中說：在教育事宜中「一切應該取決於較長期的經驗」。如果他這麼說是完全認真的，那麼在他與我之間顯然有不可排除的、會引起爭議的根源。如果這是洛克 (John Locke) 與盧梭 (Jean-Jacques Rousseau) 所主張的，那麼我就完全明

白了應該怎樣用他們著作的精神來分析他們的這句話，並且我也因此能夠直截了當地宣告，我是他們的反對者。我請尼邁爾先生諒解我，我與其說相信他的某種話語，不如說更相信他的整個著作！以我看來，讓他最終能夠超過國外學者，並讓我們有理由為德意志驕傲的，是他的原則中有著很明確的道德傾向；而洛克與盧梭的原則是徹底由天然的任性支配的，這種任性基本不能透過極不穩定的道德感情來緩和的，他們的目的就是為了創造出一種不存在衝突的精神生活來。不過，正確的道德原則是無法從經驗中學來的，正相反，每個人在這方面一產生發生作用的信念會限制對經驗的領會，對於這一點我無疑不必對尼邁爾先生作論證。要是我補充一點宣告，這本書的出版應歸功於我仔細地進行並在各式各樣機會中蒐集的觀察與試驗的小小累積，就像歸功於我的哲學一樣，那麼所有的爭論就可以避免了。

第七章　對訓育特殊性的考察

一、偶然的訓育和連續的訓育

　　區別分析教學與綜合教學的根據，也能夠拿來供訓育作參考。因為在訓育中許多方面也有賴於學生表現出來的狀況。就像在教學中分析已發現的學生思想範圍好予以糾正一樣，學生的行為也需要得到某些引他走上正道的反應，而且需要控制偶然出現的情況產生的那些結果。不管什麼活動都會出現類似的需求，並讓人察覺到個別的、間斷的、偶然要採取的訓育措施和那種在同一前提下按同一計畫工作下去的連續的訓育措施之間存在的差別。連續的訓育措施越符合目的，並得到越嚴格的執行，事情就越能處理得當，效果越好。這種效力不但對利用有利的機會有幫助，同時也可以防止各種危害。通常來說，這種結論也是對的。我們不應當在訓育時將它忽視！在這方面也有一種錯誤的經濟學，這種經濟學希望一有機會可以一下子獲得很多成效，但對保持並不斷擴大已經獲得的這些成效卻又是忽視的態度。與此相反，有一種獲得成效的方法即可靠又正確，這種方法依賴於建立與鞏固各種關係，讓同一種觀念、同一種決心不斷得到重新創造，並藉以得到鞏固與強化。

　　所以，我們首先應當留心讓連續的訓育駛入正確的軌道，並保持在這一軌道上。當偶然採取的措施可能把先前確

立起來的秩序關係打亂時，我們要更加注意。異常的處置與異常的事件，尤其是懲罰與獎勵，它們很容易讓兒童留下無法持久，更無法累積的印象。透過一種活動迅速將一切重新恢復到之前的狀態，好像什麼都沒有發生過似的，這就是訓育的特殊藝術。

第七章　對訓育特殊性的考察

二、按特殊的意圖進行訓育

我們首先要回顧在之前論述的道德性格中「可以被決定的部分」與「決定的部分」。人們願意忍受、具備與推行的天然欲望和意願這些，是可以被決定的。公正、善良和內心自由等觀念是決定的部分。這兩方面的起源都是整個思想範圍，所以，它們的發展有賴於心靈的各種活動，也就是動物的本能與精神興趣。不過，因為我對思想範圍的形成發表了很多的看法，所以對其起源這裡就不再贅言了。我們現在不妨考察一下現存思想範圍的結果，考察它們是怎樣雙重地──一方面透過決定的意願，另一方面透過被決定的道德──表現出來，並因此和訓育的限制和促進這兩者產生衝突的。我們面前現在有一種結合的工作要做，這種工作和之前為描述教學過程而作的表格式闡述類似。至於為了讓年輕人養成忍耐、求索和勤勉的精神以及善良、公正和內心自由的觀念，偶然訓育應當做哪些，連續的訓育應當做哪些？它們在上述培養目標中，怎樣在抑制、決定、調整和支持方面展開合作，尤其是為了培養兒童的每一個道德觀念，它們應當怎樣透過保持童心、透過責備與讚許、透過警告與提醒以及透過提高道德自制力的可信賴度，來為整個培養工作作出自己的貢獻？為這一切一步步地想出解決的辦法來，是我

們留給讀者,更準確地說,是我們留給那些初入教育領域的教育工作者去解決的問題。鑒於上述一些理由,我能夠聊以自慰了:在這裡我好像不用再一次嘗試編織各種概念來形成一個始終模糊不清的綱要,而可以為自由地補充一系列與這方面有關的意見以指明這種編織的可能性感到滿足了。

一種真正的性格表現,不僅取決於意志的道德性,還取決於在意志中反映出來的東西(假設道德決定不改變行為方式的方向),取決於一個人想要實行什麼。兩個人在意志的善良方面能夠非常的相像,不過,如果一個人一定要透過道德決定來克服自身的脆弱而多變的心情,而另一個人一定要透過道德決定來支配自身的所有堅定而有次序的追求,那麼這兩個人的善良在行動與效果方面就截然不同了!後一種人將會支持道德的決定,而且這種人除了他可以做到人們所勇於做和能想到做的一切以外,還能夠作出比其他人更好的選擇。從這種選擇中,道德的決定又可以在面臨他自己本來排除不了的外來障礙時,獲得一種敏捷的、強而有力的方法。最後,性格已經非常堅定的人,他們的行動將按照每一種義務激發起來的自我決定,自始自終地進行下去;相反,另一種人往往中途頻繁停頓,然後又從頭開始,為了履行最一般的義務,他們總被迫直接從道德的觀察中去獲得動力,所以最高尚和最低賤結合在一起的一種矛盾的混合體就此形成,

第七章　對訓育特殊性的考察

這種混合體藉助一方讓另一方受到挫傷。

然而，假如一種選擇、一種準則和一種為外部活動擬定的堅實計畫並非同時來源於一個人求索與追求的努力，並非透過忍受與接受的準備而繼續下去，那麼怎麼樣能決定並透過行為準則來鞏固欲望呢？怎樣能夠在欲望中決定並透過行為準則來強化這種選擇呢？那種堅實的計畫又怎樣才能確立呢？這一切都集中在選擇這一點上；而如果勤勉無法適應求獲的願望，如果忍耐堅持不到真正適當的時候，那麼外部活動中的不連貫性與內部活動中的分裂將在所難免。審慎的思考最終就會陷入那些在本質上與道德沒什麼共同點的事情的錯亂中，然後，在其中能夠看到並強烈想要達到善良的那種純潔而明朗的心境也會消失不見。這樣，對民族而言也就失去了富裕、善良與外部秩序，即使這種富裕以及善良與外部秩序並不會倒退。

即使這樣，包括忍耐精神、求索精神和勤勉精神的各種心理狀態是截然不同的。忍耐精神是順從的，求索精神是穩定而堅決的，勤勉精神則一直是一種新的起點。忍耐的原則是消極的，求索的原則相反，是積極的，這兩種原則都頑強地將注意力集中在同一事物上，而勤勉的原則又不一樣，它要求心靈的眼睛不斷地從一種事物移到另一種事物上。

所以，要想用一種出色的力量把這三種完全不一樣的心

理狀態統一在一個人身上,這好像很難。而還有更困難的,那就是為了制定一項活動計畫而讓所要忍耐的、所要求索的和所要推行的事物達到一致。它之所以是更困難的,是因為按理說活動計畫不可能是完全具體的,而是正好相反,只能包含一般的活動準則,一個人遵循這些準則可以考慮怎樣利用各種可能的機會來發揮特殊的技能與優勢。雖然是這樣,我們還是首先來分析一下各種精神,最後再總結一下。

忍耐的練習從兒童早期開始就有了。最小的兒童將由天性決定去服從這種練習;而有一種大錯特錯的教育方法,由於一方面放縱,另一方面嚴厲,而對兒童忍耐造成困難。我們感謝現代教師細心地決定選擇正確的中間路線。我認為這種決定是可以實行的。

求索精神的練習從兒童的早期開始就有了。從教育學上看,這種練習要遠比前者棘手。我們一方面應當考慮一個少年兒童已經想要使用他的占有物,另一方面應當考慮一個孩子還不懂得儲存他的零錢。這一點足以啟發我們,雖然在兒童早期就一定要建立節約的觀念,但是對那種與排斥別人不相容的天真無邪的仁慈也必須予以保護。在這裡不必談索道德方面,觀察兒童天性,我們已經明白了,真正的求索精神完全不是一種反覆無常的、片刻的占有慾,而是一種持久的占有態度,所以是以心思對準一點的堅定方向為前提的。假

第七章　對訓育特殊性的考察

如兒童身上很早就表現出這種真正的求索精神來，那麼這就預示了一種心理疾病，至少預示了這樣的兒童是缺少生氣，因為這樣，兒童就將在一切對他而言還非常新鮮的世界中，過分去忙於接受與嘗試，以致可能沒有將事物的純粹占有念頭保持在思想中的時間了。所以，與其有意避免兒童產生這種疾病，還不如在兒童自行表露出來這種疾病時，運用自然的矯正方法，加強對兒童進行多方面活動的刺激。不過，漸漸地會有一些能夠讓兒童占有的事物出現，兒童將指望對它們的利用，不斷地意識到它們被人取走乃是他們的一種損失。這些事物可以說是兒童自己的，可以透過它們訓練求索精神。不過兒童作為「他自己的」占有下來的東西，不應當多於他在思想上要保持的東西。進一步說，拿他自己的東西去和別人占有的東西交換，能夠激發兒童迫切地去衡量事物的價值的願望。這讓我們可以為兒童金錢時刻的到來作好準備。為了在這裡讓兒童得到一種財富來自辛勞的感情，不妨讓兒童適當地獲得其勞力的報酬。但是，如果我們按照祖母的辦法，總用高於市場的價格去購買他們的小產品，那麼這個目的就無法實現了。至於求獲榮譽的這些都是類似的。在兒童早年，貪圖榮譽將是一種疾病。同情與娛樂能夠治療這種疾病。然而，因為天然的榮譽感隨著體力與智力的增長，會一點點緩慢地發展起來，所以我們一定要細心地保護它，

不管怎樣，都要避免受到致命的傷害。因為人在生活中像需要財富一樣是需要榮譽的，誰把這兩項中的任何一項拋棄了，誰在社會中就真正可以被視為是一個沒有用的人了。要是教育的矯揉造作會阻礙與耽誤這兩者的自然發展的話，那麼這在以後會導致一個人無可救藥的懦弱，或者讓突然覺醒的感情產生突變和相對容易接受最普通的偏見。所以，應當對一個兒童是不是在某種程度上受到他的夥伴的重視，或者是不是由於小缺點而成為他們嘲弄的對象予以關注。如果是後一種情況，應當讓他擺脫這種真正有害的交際，只是別懲罰那些嘲弄者，因為他們根本不值得你們大驚小怪。不過你們的教育觀察將會告訴你們，那種嘲弄會在委託給你們的兒童身上留下怎樣的後果。請治療他的弱點，增強他的優點，為他選擇這樣的夥伴：在這些夥伴中他的優點能夠明顯地被大家感覺到，好讓他可以抵擋別人對他的所有責難。

最後，從兒童的早期開始就有了勤勉的練習，我們可以並應當促進、控制和不斷觀察兒童由周圍事物驅使而表達有志從事的最早期的事務，並很溫和地、一點點地嘗試讓他持之以恆，較長久地盯住同一個對象觀察，追求同一個目的。假如我們之前已經知道了在兒童遊戲中存在著認真氣氛以及那種能夠讓他在快樂的時刻振作的自發努力，並懂得怎樣避免他走那種阻礙他奮發向上的下坡路，從而讓他在其不久將

第七章　對訓育特殊性的考察

要拋在身後的幼稚狀態中得到教育，那麼我們也可以常常和兒童一起遊戲，在遊戲中引導他去一些有益的事上去。對於教學而言，不管是分析的還是綜合的，都是要達到基本觀念的清楚，好可以開始進行真正的教育工作，為此，我們應該嘗試走最短的途徑來激發兒童的活動。智力活動也是健康的！它和四肢活動與內部器官活動完全一樣。這些都應該一起活動起來，好讓兒童實現他可以達到的成就，並不至於讓某種能力徹底喪失。只有那些在沒興趣還長久從事的活動會毀壞身體和智力。不過這種情況的產生並不快，所以我們能夠從容不迫地去克服某些不會一下就讓兒童感興趣的活動導致的最初困難。我們應該習慣於各式各樣的勤勉。往往那種明顯可以獲得成功的工作將讓兒童立志勤勉，往往那種在各種活動中作出的獨特選擇，讓兒童的性格與活動計畫極其富有特性。

不過，這種勤勉志向應該符合求獲的願望，而兩者應當武裝以忍耐性，這種忍耐性即一種主要為實現這種願望和這種勤勉所必備的等待與忍受的耐久力。在這方面，我們不應當用各種特殊的訓練與鍛鍊在某種程度上替早期教育製造麻煩。普通的修養根本無法讓兒童自己想知道他想要成為什麼樣的人物，並依此來限定他的興趣。一個有多方面修養的人作了多方面的準備，他能夠晚一點作出選擇，因為在任何情

況下他都很容易得到必要的技能；而且透過晚一些的選擇不斷地獲得保障，不會因為誤解自己的特質與常變的客觀情況而失算。

但是，我們應當期望一個有教養、頭腦清醒的年輕人，透過推遲了的選擇而正確地結合了他對忍耐、求索與勤勉的各種傾向。因為與其說這是某一種預習，還不如說是一種比較積極的審思活動。我們恰恰應當讓這種審思潛移默化地對他產生影響。我們應當避免自己透過各種次要的要求，或者透過無限制的訓育要求，去打亂兒童正在開始進行的自我決定。對於較脆弱的兒童而言，這種要求也許會不知不覺地變成一種真正殘酷的桎梏。準確地說，我們應當習慣於用年輕人的方法來觀察他的世界與未來。

所以，在這裡重新提出來關於智育是一切教育中心的主張。只有那些被我們認定是遲鈍或者頭腦古怪而任其生長的人們，或者那些被人不負責任地用一根年輕人容易接受的細繩扯來扯去的人們，他們不懂得怎樣恰當地相互往來以及和世界往來，並讓自己的精力在他們自己追求的各種矛盾中不斷磨損、不斷消耗，而最終更可能因不得不考慮生計和多餘的小市民禮儀而日漸消沉。這些現象會引誘教育者用一系列小心翼翼的方法，向年輕人灌輸普通生活的所有技巧，甚至用和這些事情有關的廢話囊括成長著的年輕人的注意力，充

第七章　對訓育特殊性的考察

塞書店。當一個人的健康與智力興趣的熱情得到了關心，那麼生活需要的理智與應變能力最終會在他身上自己集中出現。但是我想要指出的是，為了一生都有穩定的勇氣、堅定的思想，為了依靠更多的內在的態度較容易地來實現道德自制，那麼前面已經闡釋過的訓育工作對此是頗有裨益的。

我們絕對不能忘記，我們在這裡已經談到的，不過是道德價值基礎的奠定罷了。

造就勤勉精神、求索精神和忍耐精神，讓所有在道德決心中表現出來的性格不再需要決定與加強，而只是需要讓一種與道德無關的、非常堅實的性格得到決定與加強，這恰恰並非訓育的一項重大任務。相反，在教育的所有過程中觀察與糾正上述這種訓練與道德訓練之間的關係才是訓育的真正任務。因為事實上這方面所有都是相對的。明顯重要的一方應當在道德這方面，不過這是指在輕與重兩者自身中的重的方面。在對輕浮的年輕人教育方面，這兩者輕重之分在很長時間裡都是非常細微的。某一稍微有所側重的方面最終將決定了他們的一生。教育那些熱情堅定、很早就注意善良與財富包含著榮譽的年輕人的過程中，有時這種非常強烈的觀念是與深刻的道德與宗教根底相一致的。不過，我們應當怎樣對觀察與糾正這樣重要的關係作出若干規定來呢？我承認我對此無能為力，並且確信，這是那些正在實踐的教育者在

這方面所能獲得的一個貢獻,不管什麼理論都還遠不能分享它。所以,我將繼續論述這種關係的第二部分,準確地說,這部分要求我評論一下,然而由於我缺乏實踐哲學的知識,這種評論只能是非常簡短的。

我曾經將公正、善良與內心自由稱為原始的多方面性,通常與這種多方面性相連繫的,是以對學生提出服從的要求的方式讓他們獲得道德概念。同時我也提到過了,在表達上,「公正」一詞包括兩個完全不一樣的、相互完全獨立的實踐觀念,即正義與公平。可以這樣說明它們的性質:正義的格言可以是各取其屬己者,而公平的格言則不一樣,是各予以其所當得者。為了讓我們確信,我們那種不成熟的天然正義感是用奇特的方式把這兩種要求混雜在一起的,我們姑且可以思考一下那所謂公正的尺度,自問一下,當有人要求收回他的財富時,裁判者將怎樣運用這一尺度。或者我們可以稍微認真一點考慮「越公正就越不公正」這對矛盾,好可以理解這裡拉丁文的「公正」一詞,正好和我們的「公正」一詞一樣,無疑也一定要理解為兩個完全不一樣的概念的組合,其中一個概念並不包含另一個概念,也不取決於另一個概念。不過,這個過去在實踐哲學中導致了很大混亂的原因,可以成為教育學將這兩個不同觀念合併的動機。意思就是它們極有可能是同時、同一情況中產生的;它們在同一種

第七章　對訓育特殊性的考察

決定中混合起來,所以推測較難,一個沒有偏見的兒童,他這一種觀念的道德洞察力增長了,是不是同時會忽略對另一種觀念的注意力。那些在其孩子間維持秩序的母親們按這兩種觀念作了無數次的決定,這自然難免會犯一些錯誤,而大部分錯誤的根源是她們想在這方面過分地管理這些兒童。

這一點讓我在這裡不得不用教育學的角度給出評論。教育本身的重要工作就在讓年輕人的正義感早期就活躍起來,讓別的良好的訓育與管理可以順利地自己進行。假如兒童已經得到了主要以他們自己的方法彼此來往的允許,或者至少是適當的允許,那麼那些包括在正義感中的各種道德觀念將會在他們之中成為最自然也是最先產生的觀念。因為人們——無論是兒童還是成人——相互交際,那種與道德觀念相連繫的關係就會產生,並且這種關係會自動地變得豐富。每個人都迅速會具有一些本身的和為別人承認的東西,他們相互來往,交換具備一定價值的物品與服務。只有成人的干涉還有兒童對這種干預可能性的預感,會讓所有正義的事物在兒童眼中變成不確定的東西,並讓兒童不再尊重它們。父親的善意管教和不管是哪種專制的管理同樣也有這種影響。所以顯然不可能像管理公民一樣管理兒童。然而,我們也許能為自己定下這個原則:絕對不要在沒有重要理由的情況下,影響兒童之間的現存關係,讓他們的交際成了勉強

施行的禮貌。當兒童之間發生爭吵時，我們永遠都應當先弄清楚他們已經商定了什麼，他們相互承認了什麼。我們首先應該假定，這一切在某種意義上關係到兒童自己的事情。然後，我們就應當為每個兒童提供應有的幫助，絕對不讓正義遭到粗暴的傷害。最後，除了上面說的這一切外，我們還應該指出，對兒童最有益的事情就是每個兒童自動地獻出他自己的和他應得的東西，這也就是未來他們在爭吵中要採取的所有妥協的主要標準。要是訓育已經超越了最開始的階段，那麼它就絕對不允許學生習慣了將他的正義感作為其行為的決定性理由，只有其他人的正義才能夠成為他的嚴格的準則。不管是誰，都不可以編造一種正宗的正義；不管是誰，都不可以武斷地認定，可以用一種更合理的正義將現存的正義替掉。

「善」這個詞讓我們想到了「仁慈」。在這裡區分開這兩者區別非常重要。正因為兩者原本是有區別的，而且是相互獨立的，所以即使兩者都是不可缺少的，然而卻幾乎不會以同等力量出現，所以如果仁慈應當成為一種堅定的性格特徵，那麼兩者都應當得到同樣程度的關心，意思就是有必要讓性格的客觀部分具有豐富的仁慈，像自然感覺那樣的，而同樣有必要在性格的主觀部分，作為道德審美的對象，讓仁慈的觀念發展成熟。哲學家始終沒有賦予後者應有的地位，

第七章　對訓育特殊性的考察

只有在宗教學說中說過這樣的格言：除了清靜與沉著的反省以外什麼都不缺。人類總遇到的不幸好像是這樣的：這種仁慈只是在感情上保持下來，並會像性格由於鎮靜而變得冷漠一樣徹底地消失掉。就像我將在其他地方更詳細地闡述的那樣，事實上，要保持仁慈觀念的純潔性並不容易。作為一種感情或良心，仁慈的性格是不應該缺少的，為此應當積極地激發同情心（這裡不妨不說明仁慈與同情心的差別）。訓育與教學在這一點上是一致的，它在這裡的任務是讓兒童彼此有比較多的同感，也就是意識到他們是苦樂與共的同伴。假如我們容忍在兒童之間不斷出現利害關係的分裂，那樣就會出現完全相反的效果。然而，應當讓仁慈和同情伴隨著某種苦樂產生，讓兒童自己意識到什麼是仁慈。當我們談論仁慈時，也許同時也就是讓鑑賞力理解讚許的時機，後者乃是冷靜的思考的必然結果。顯示仁慈觀念的事實故事、含有仁慈觀念的圖畫，都能夠憑藉最獨特的個性達到形象化的最高水準。不過它們不應當只是透過感動兒童來占領他們的心，或者來對他們那種對它們已能表示滿意的情緒進行干擾。如果兒童的易感性自發地將情感與觀察結合在一起，那麼我們就可以欣然欣賞兒童們可愛情感的湧現。我們不要進一步刺激他們，而應該和緩地停止我們的欣賞，並恢復嚴肅的態度。除非鑑賞力的成熟性與堅定性出來阻擋，並將另一種智慧來

喚起，否則這種感情的湧現就會消失不見，並且還隨著兒童年齡越來越大而衰退，它們會被他們後來的智慧嘲笑，被視為年輕時的愚昧，並會遭到深思熟慮的自我主義準則強而有力的抑制。假如仁慈的性格有一段時間被忽視了，那麼它就很容易由於它本身的演變而開始腐敗起來，這是一種最不愉快的教育經驗，這種經驗自然是我們完全不希望有的。就這一點來說，我們往往擔心一般很好的天性會過早地成人化。

以天性而論，彷彿有著兩種基本對立的人存在：一種傾向於善，一種傾向於內心自由。當別人順利的時候，善良的人會真正感到高興，他們自己也往往喜歡安樂，面對感情的種種變化時會作出很大的讓步。堅強的人不屈服於命運，而且不想知道什麼是屈服，他們只習慣於說屈服者是懦弱的，還冷酷地對他們進行譴責。

那種產生仁慈觀念和內心自由觀念的鑑賞判斷之中絕不存在這種差異。兩種觀念是相互完全獨立的，而且正因為這樣，它們既不相互對抗，也不相互支持。這種差異卻在可以讓使上述兩種觀念的實行或者變得容易或者變得困難起來的性格之客觀部分中存在。我們這時應當想起柏拉圖的「心靈」與「欲望」兩詞。那種易感的、有欲望的心靈自身包含著很多樂趣與厭惡，在它裡面具有積極同情的原則，所以也具有天生仁慈的豐富泉源，並且往往還有性格主觀部分對客

第七章　對訓育特殊性的考察

觀部分的服從,而後者願意為這種傾向提出相應的準則。但是,易感性越弱,所有活動與活動能力的覺悟範圍就越大,真正決定性意願的能力同樣也就越大(這和之前在上面關於行為作為性格原則一節論述中所談到的那些內容是一致的),同時還為洞察的意願奠定了基礎。作為自然感情的仁慈常常不相容於洞察力。準確地說,內心自由並非無條件地遵循自然感情。所以,假如不具有仁慈的觀念,那麼內心自由將為它的冷漠而感到驕傲。而內心自由正是這樣讓熱情與仁慈的人憤怒的理由十分充分。所以,這種觀念的修養就顯得十分有必要了。然而,關於怎樣正確闡明內心自由觀念的問題,它其實首先是哲學的任務,接下來才是教育學的任務,因此假如我要在這裡繼續探討內心自由觀念的話,那麼肯定會將它說得模糊不清。但是我需要指出,我們不應當對年輕人談論其本身觀念的統一性太多,他們應該按照自己的傾向來將這種統一性建立起來。

就實踐觀念來說,與其說我作了闡釋,不如說我保持了緘默。讀者也許能夠推測出來,從中能夠引出教育性教學某些更嚴密的定義來,尤其是引出綜合教學的定義來。此外還能夠推測,只有透過這些定義,才可以徹底說明荷馬以後的索福克里斯與柏拉圖及在他們以後的西塞羅與埃皮克特等人的讀物的教育性質。要是誰在讀了《奧德賽》之後,馬上就

想開始讀索福克里斯的《斐洛克特底》，那麼也許對比索福克里斯書中的奧得蘇斯與荷馬書中的奧得蘇斯所作，能夠獲得與此有關的某種啟示。如果對柏拉圖筆下的蘇格拉底有了一定的了解，正像後者在其〈批判篇〉與〈申辯篇〉中表現出來的那樣，假如在以後斯多葛派的道德學說激發了我們對康德與費希特觀念形態的研究，那麼我們也就可以發問了：那種對於教育來說至關重要的積極宗教的歷史基礎究竟會有怎樣的影響？我們自然不必提醒讀者：我們如果沒有繼續鑽研這些觀點中的每一個，而是粗略把它們混在一起，這是根本不符合教育學要求的做法。詳細說明這種事情並非普通教育學的任務，普通教育學的任務只是激起大家的思考，想一下：按照它的基本要求，哪些是必要並且有益的。

正因為如此，我在這裡就不再展開論述怎樣透過首先為培養多方面興趣著想的教學來培養每一種實際觀念的問題了。然而，無論誰可能都根本無法忽視，一旦將憐憫的同情、產生支配作用的社會興趣以及有利於鑑賞力發展的情緒激發並得以保持住時，很多觀念就必然會得到自發的發展，所以，實踐哲學的精心講演只須將主要的概念闡釋給較成熟的年輕人，並作出嚴密的定義，好可以進一步說明道德的基本原則。

除了必要的教學之外，教師的創造力始終應當發揮在安

第七章　對訓育特殊性的考察

排與利用各種時機方面的作用,讓道德感情在這時機中可以清楚而生動地表現出來,並得到鍛鍊與應用。在這些機會中最好的機會是家庭節日,這一點難道還需要我指出來嗎?教育者應當注意和參與每一個類似的節日活動。不過,如果我們相信在這種時刻獲得的好印象能夠從此開始,對整個一生不斷地發揮作用,相信這種印象對將來的生活具有重要的影響力量;假如我們希望在這樣一類心靈活動中可以形成一個人的所有觀念形式,那就是大錯特錯。即使這樣,對教學授予年輕人的一切進行的內部加工,對經驗與知識的觀點,永恆真理與善的早期觀念產生的力量與這些觀念的統一,這些都由年輕人在這時產生並保持的情緒所決定。

不只是分散的機會,而且在可能的情況下也包括連續活動,都應當藉以讓人保持仁慈、正義感和自我克制。就仁慈來說,肯定是能夠找到這樣的機會與活動的;同樣就正義與公平來說,只要在姐妹兄弟和玩伴這樣的小圈子中並不完全缺乏占有、追求,乃至相關安排,或者訓育沒有過分草率地處置他們,那麼他們在這些場合就會自行地練習正義和公平,這種連繫雖然不連貫,但是會比較頻繁。讓人內心自由的自我克制不只是在道德本身中,而且在所有能夠被認為屬於某種鑑賞的事物中,都可以找到豐富的練習機會。在這裡根本不存在尋求教育方法的必要,也不必專斷地、無目的地

讓兒童感到機會匱乏和負擔加重，這一切和內心自由沒有一點共同點，因為內心自由存在於對認知的遵循之中。不過，我們應當很早地，並以一種持續增強的關切心情，促進兒童懂得區分什麼是與鑑賞相一致的和相反的意識，而如這樣兒童就有一系列小義務需要承擔，廣度可以從爭取純潔性和紀律的努力，到社交關係所要求的注意。我們對兒童的這種義務所作的觀察，將會讓他們的心靈產生一種有益而持續的緊張。但是，正是在這些事情上，教育者應當避免讓訓育強調到使兒童的認知無法接受的程度。在這裡有一點需要注意，教育者不可以在訓育中過分嚴重地處理任何一件事情——對於無拘無束的兒童而言，小事會因此變得無足輕重——不過教育者應當嘗試透過溫和的督促來實現所有的目的。管理的方法可以在不得已的情況下使用。然而，要是這裡混淆了訓育與管理，要是持續地使用那種偶然使用能夠讓兒童把毀壞的東西重新建立起來的暴力，並頑固地讓這種暴力在所有的小事情上都發揮作用，要是強化本來只應該應用在兒童衝撞時的壓力，那麼，年輕人的能力會因此消失，沒受過教育的野孩子最終勝過那些過分馴服的懦弱者就完全不足為奇了。

　　少年兒童還無法評價教育的益處。假設一個12歲的兒童從早期開始就得到了正確的引導，他就會從需要引導的由

第七章　對訓育特殊性的考察

衷的感覺出發,將教育的好處看的比什麼都高。一個 16 歲的年輕人自己就開始了謀求教育者的工作,他接受教育者工作一部分的觀點,還將這種管理和教育者不斷地對他進行的管理進行著比較。一個最直接地觀察著自己、也是最了解自己的人,在這種比較中有機會比那種始終作為旁觀者的人顯然要正確得多,這是毋庸置疑的。然後,他會覺得他曾經被不必要地壓抑了,所以他對教育者的順從會一點點變為對其早年良師的寬容,這一點也是毋庸置疑的。不過對於這種寬容,他還是自己希望遭受得越少越好。就這樣,他努力溫和地去拒絕訓育。假如一方面教育者忽視了這種努力,另一方面學生也沒有總犯錯,自己認為對自己的檢查目前應當落到自己手中,那麼這種努力就會陡增。然而,不管怎樣,這種努力往往會是有增無減的!這時教育者很容易產生一種錯覺,這種感覺驅使他突然結束他的工作,然而他的義務感阻止了他。他會給予他的學生更少的干涉,這種干涉會更加適當,並越來越依照學生微妙的、易激發的可接受性條件進行。他將試著接觸學生性格的主觀部分多於客觀部分,並嘗試著去牽引握著韁繩的手,而非韁繩本身。此外,這時所有都取決於完善地確定原則和糾正原則,以此來繼續指導學生的生活。所以,在訓育幾乎消失了的時候,教學還需要進行下去。不過即使教學,它的對象也不再是一個心理單純、只

知接受的學生。學生會自己判斷的。他會在懷疑中對一切進行檢驗；他將進入其他的、與習慣思想對立的見解範圍，好將那種在習慣了的思想範圍中受到的禁錮擺脫。新事物的魅力推動他收穫新奇的印象，在這種印象的促進下，他的頭腦中漸漸產生的、以往被忽視的各種觀點的細微差別獲得了機會進行表達，並有所增長。正是在年輕人對身體和交際關係發展具有強烈要求的年齡階段，教育原則應當將這些變化納入考慮。

誰能夠在這裡保護辛勞的教育工作？又是誰應當保護它呢？假如不是其內心的正直或者堅信不疑的真理，也不是深遠明晰的智慧眼光，或者比別人與別的意見優越的感覺，以及學生回饋的對他由衷的感謝，讓他可能產生這種優越感，那麼還有什麼可以對這種教育工作保護呢？當教育者犯了錯誤時，應當有正視錯誤結果的勇氣，有從這些結果中學習的勇氣。希望這些已經長大成人的年輕人，始終能夠傾聽其他人給的意見，希望時間能夠為他帶來他教育的幻想、教育的啟示、教育的煩惱還有教育的歡樂！或者希望他可以影響教育的變化，試驗與顯示他的勇氣，以及他的力量——他的天賦的、教育形成的和自己得到的力量！

第七章　對訓育特殊性的考察

第八章
論大眾參與下的教育

第八章　論大眾參與下的教育

　　讓一個民族的大部分年輕人在共同的訓育下成長的思想，是頗具吸引力的，而且似乎聽起來很偉大。讓他們更早地建立起兄弟般的情誼，透過一起受教育的機會而得到培養，這樣他們就可以為公民團體帶來真正的愉悅氣氛。學校孕育著國家的未來，改善學校就是在提高教育和民眾。

　　這是一些人的觀點，帶著精神與同樣熱情的他們將很長的一生貢獻給了致力於對民族需求的不斷關注。古人和新人在這一點上達成了一致；色諾芬和普魯塔克與費希特和裴斯泰洛齊意見一致，他們跟我們讚美著法規，而公共教育正是由這些法規的基本思想造就的。

　　我對此斗膽發表自己的觀點。我希望可以不揣冒昧地直言。既然大家對我比較信任，我也就覺得對我而言，持以上觀點的人的感受和理由都不陌生。而對教育學中更明確的觀點，以及出於各種形式的細節的考慮，我所要說明的是，我也許可以為大家提供一份恰當的材料，好引起大家的關注，而這正是今天的大會允許我做的。

　　我們先暫時不直接進入教育學的領域，讓我們像那些人一樣按照那種陌生的觀點，首先從國家的角度，對學校來一番自上而下的審視。雖然這也是出於好意的，但這絕不是非研究教育的需求和可能性的正確方法。因為如果一個人把某件事情作為另外一件事情的方式來看待，從這種觀點出發他

他永遠也不可能對這件事情有一個真正的認知。而且那些人原本就對教育所知寥寥，經過長時間的考慮之後，他們對治國之道的理論和虔誠的願望最終出於絕望而轉向了教育，還並非為了求救！而是想創造一個嶄新的教育學，讓教育學像應該成為的那樣，讓教育學像必須能夠成為的那樣，好為那些政治理論奠定良好的基礎。出於妥協，我本人也曾經走上過這條錯誤的道路，我在為國家服務期間與別人一起尋找一種教育學；對於國家來說它應當是怎樣，而不是去想像一個現實的國家的樣子，這是不言而喻的。

如果現在要採取這種觀察方法，那麼無疑第一個要先提到柏拉圖。柏拉圖，這位思想大師，把他關於國家的思想提高到如此高的地步，以至於雖然還有不少地方需要補充和糾正的，但是任何人都無法超越他的主要思想。而這個充滿熱情的人又開始極審慎地論述國家中的分工、生活方式的不同、職業的不同，由此引出受教育的不同是有必要的，這也屬於不同的生活方式。他將此連繫起來對不同天性的考察，按照他的規定，任何一個人都應該獲得與其天性相對應的教育。他認為，忽視這一規定是所有政治弊端最可怕的原因，也是唯一可怕的原因。按照他的推測，只有極少數人具有良好的天賦，才有獲得更完美教育的能力，按他的表述指的是音樂等等。他認為極少的人能夠學習真正的智慧，也就是形

第八章 論大眾參與下的教育

上學、數學和管理智慧。在柏拉圖的《理想國》著作中根本就沒提及大眾教育。這部著作的大部分都是探討經過挑選的優秀者們的教育，相對於那些行業來說這些人簡直是太優秀了，正應該將國家託付給這些人。

顯然閉口不談民眾教育是一個錯誤，如果柏拉圖想勾畫他的教育畫面的大致輪廓勾畫得更大的話，這個錯誤也不至於如此之大，因為優秀者是哪裡都缺的。不過他指出的生活方式的分類以及隨後提起的教育的不同都是很重要的，而且一旦誰滿懷對政治的審慎態度進入了教育學領域，這些話題也都是不可避免的。不僅僅是在現實的國家裡，而且原本在國家該是什麼樣的觀念裡，關鍵在於明確應有很多不一樣的人正確地去參與管理和文化，不這麼想的人就一定是沉浸在盧梭的夢裡了，之所以說是夢，其實是因為它不該或者說不允許被實現，而不是它不讓自己被實現。盧梭的自由和平等是對所有人來說都一樣的任性，而柏拉圖的不平等不一樣，它是根據理性和義務劃分的。

如果我說從政治走向教育學的道路是錯誤的，也許那些對民眾教育持贊同態度的朋友們並不會遷怒於我。如果走這條道路除了可以更細膩、精確地檢驗每個人都無所作為——而且也正因為這一點，每個人才會不知道自己所受的特殊教育應該針對什麼——以外，將別無所獲。國家雖

然獨尊第一,同時也是一個社會中無數各式各樣的組成部分共同參與的統一體。所以,它確實需要學校,不過它需要的是各式各樣不同的學校,所以許多不同的兄弟般的親密關係以及各式各樣的學友風格也就產生了,即由於在國家中的分化而兒童世界也過早地出現了分化,一種人與人之間倉促對立的象徵,而非像人們所期待的那種一致和統一。這種分化的後果,只能是讓那些人 —— 他們感覺自己是被另外一些受過別樣教育的人們隔絕開成長起來的 —— 拿自己學到的東西去市場上盡可能賣個好價錢,好獲得他們希望從其他人的行為中獲得的利潤。所以,最終由國家規定的教育部背棄了國家,而真正的教育並不顧及國家,也不會受到政治利益的鼓動,根本不是一個人為別的人受教育,而是每個人只願意為自己受教育,這樣才可以為國家做最好的準備,因為它在一定程度上讓各式各樣的個體受到了同樣的教育,這樣他們到了成熟的年齡時就可以結交他人了。

　　如果我們按照教育學本身應有的特點讓其獨立,如果我們把教育學視為對個體的行善者,因為他們需要它提供的每一種幫助,好讓自己夙願得償,這種時候結果往往會在各方面不盡如人意。如果這樣做,學校會馬上在人們眼前消失,同時消失的還有孩子們早年聚集在一起的局面;每個個體都是為了自身而需要教育,所以教育不能像在工廠裡生產那

第八章　論大眾參與下的教育

樣，它一定要優先考慮個體的需求。或者說，如果即使這樣還要保留學校，那麼它們應該像學校那樣作為一種緊急補救措施保留下來，因為學生的人數這麼的多，而教育者卻是太少。如果這些較少的教育者同時還是學校的教師，而且僅僅透過考察學識和某種教學技巧來評價和挑選學校教師，這種技巧又是只會傳授個別知識，而沒有把教育學的共同作用與其他因素結合起來考慮，如果這些弊端還有，那麼學校當然不會提供緊急補救措施，而會徹底和教育對立起來，從此完全淪為日常庸俗的東西。為了避免上述的弊端，為了讓教育學得到真正的權利，我們現在是不是應該將那條走錯的道路扭轉過來？我們是不是應該從教育學過渡到政治，是不是應該向政治家們索取一切屬於優良教育的輔助設施？我們已可預見我們將得到的下一個答案。國家會首先考慮成人的這一代，它得考慮自身的利益，它需要足夠的工作、足夠的浪費，只是為了完全作為一個國家。如果教育學不願服從政治的任何規定，那麼政治則更不存在從屬於教育學的可能。如果國家在必要的開銷之外還節餘了一些，那麼它會將其捐給教育，作為一種慷慨的恩賜。從國家思想的角度來說，這是一個不會遭到太多反對的答案。因為在這種思想看來，人並不是逐漸長大的，人們需要教育的目的是成為理智的人；這種國家思想的一個前提條件是人已經形成了理智；這種思想

向他們描述正確的社交舉止，它嚴格且精確，它讓人們毫不輕鬆，它要求人們付出所有的努力，以產生並維持一個真正的完美的國家。政治家們的答案可能比這個答案內容更加豐富，這些更為豐富的答案也有比先前那個答案更好的理由。

他們也許會說：「你們到底需不需要我們？我們，我們讓所有的個人都服從於普遍規範，我們能夠確保現存的形式獲得統治地位，我們最多只能將一種形式捨棄，是為了讓一種新的形式取而代之；任何獨立的東西我們都不承認，只能夠看到在整體中、在整體的每個部分中的整體的表達或者屬於整體的某種方式。」

「你們想將所有部分中最柔嫩的部分，也就是人類孩子接受的教育推薦給我們嗎？讓他們接受緩慢的、基本沒有級別差異而發展的教育，僅僅憑藉最溫柔的愛和最細膩的藝術鑑賞力而形成的教育嗎？在我們看來，你們可能對藝術、對藝術的細膩有一個更明確的概念吧。難道你們不想讓我們也負起讓音樂、為雕塑藝術和文學繁榮的責任嗎？就像有的人輕易所做的那樣，但是他們都忽視了藝術家是天生的，對他來說偏愛即是必要的，同時也是十分危險的。繆斯顯然容忍不了一個太亮、太暖和的太陽，我們為他們準備一個簡易的、可以遮風避雨的屋簷就行了。就像我們關照所有的藝術家一樣，如果有人可以在完整的著作中真正充滿熱情地進行

第八章　論大眾參與下的教育

明確的嘗試的話，我們也樂意給予教育藝術家們關照。」

假如政治家們這樣談論，那麼他們可能剛好會想起教育的健康發展所依賴的那個核心問題。即教育的藝術所需要的並不是一個政治家或者博學之士，也不是如同父親一般的感情，而是一個藝術家。反對此項要求實現的雖然說不是國家、科學或者家族，然而抵制它的都是那樣一些自認為是教育者的人，就因為高傲自負的他們是父親或母親，是懂得教育學的人，是能夠講授教育學的博學之士，是政治家！人們應當如何對付這種有害的妄想呢？如果無法喚起對人之天性的確切認知，那又該如何是好？我們說的並非那種一般受到限制和破壞的天性，而是原本的、無限的可塑性。怎樣才能將人們探究各種知識與人們不同利益之間的關係喚醒？形式各異的條件如何評價？這些條件乃是培養性格，特別是培養合乎道德性格的基礎。

這些條件這樣的迥異和隱蔽，因此它們引起了這樣的現象，彷彿存在一種內在的或外在的超感覺的東西——自由或是神靈的選擇——入侵了感性世界，為我們展現了美德或是邪惡的外在表現。這一切教育者都應當熟悉，與此相關，他還必定要具備最細膩的觀察能力和與個體最親密的交際能力。又有誰會對一個父親提出這些要求，或者指望他達到這些要求，只是因為他是一個父親？又有誰會對博學之士

或政治家提出這些要求，或者指望他們達到這些要求，只要他們還仍是博學之士或者是一位政治家？

教育藝術家需要自己具備天賦和機會，也需要進行訓練，在人類社會中擁有自己的位置。需要他的人如此之多，無論是熱愛孩子的父母們，還是沒有父母的孤兒們。但願人們能承認這一點，但願人們不要再堅持那些有害無益的盲目自信，而是承認，現在還沒有誰真正理解教育學，理解這門深奧的科學、教育的藝術，這門困難而且學無止境的藝術。這樣一來，那些自認為懂得一點教育，自認為比別人多懂一點的人就會感覺受到了刺激，他們就會被激發、被驅使，去做一些逐漸擴大稍微多懂一點的範圍的嘗試，直到出現明顯的、比較好的實際效果。

不過如果真的將教育視為一門藝術，視為這個詞最高意義上的藝術，如果真的將教育學理解為並承認它是一門科學，那麼關於國家該為此做些什麼的結論也就馬上出現了。國家無法創造藝術人才，但是還能夠將藝術的人才限定在相應的活動範圍之內。這個範圍不用太大。如果範圍太大，那麼這個範圍內的人才會限制了別的類似人才的範圍，而他自己也會在徒勞地嘗試無限擴大範圍中白費力氣，最終無功而返。有些教育者缺乏對某項藝術事業的界限的認知，還一味地想擴大它的作用。缺乏對公民社團的了解但是還想改

第八章　論大眾參與下的教育

造國家,對這些人而言處處都做得太多了。巴斯道(Johann Bernhard Basedow)和他那些有些過於龐大的博愛的計畫就是如此。而與此相反,透過為裴斯泰洛齊提供建立一個研究機構的可能性,提供給他的規模就比較合適,他自己還有他的助手也擁有空間活動。在比較優越的條件下,藝術家關於擴大作用的興趣的觀念和以前經常發生的情況時比較反倒退化了。工作、麵包還有必要的儀器,這些都是藝術家必不可少的,教育者同樣也需要這些,他們用不著太多的享受和榮譽。任何一個具有產生藝術欲望的人都需要這些,就像國家需要他們一樣;因為如果不具備教育的才智,也就沒了國家的教育,而我們的教育才智卻還不夠,距離夠還差得很遠。

　　如果要問這種藝術的人才的樣貌和檢驗標準是怎樣的,那麼所有檢驗標準中,熱情和努力就是最重要的一條,這種熱情和努力可以讓人忘我地工作,而且還不會計較得失。接下來是藝術自控問題,它可以讓人有鄙視過於渺小的東西的理由,也懂得該怎樣拒絕過於強大的東西。我們並非在那些可以在石膏上雕刻小型作品的人裡尋找最著名的雕刻大師,如果誰可以完成一幅不容忽視的巨型雕塑,我們也不會以此作為大師必需的嘗試。盧梭違背了教育學的節奏,這是因為他描述的人必須在 20 年的時間裡只投身於愛彌兒式的教育,還有另外一部分人的細膩讓人起疑,他們只想待在大型

機構裡，只想看到身邊有許多學生，而非受過良好教育的學生。得到了支持的他們可以勉強較好地完成工作，即使比較粗糙，不過在教育需求大的情況下，效率也必須被視為一種值得推薦的東西。不過即使是這樣的，獎勵也並不屬於他們，那些在極有限的空間裡開始工作，並願意靠自身的力量擴大活動空間的人，獎勵應該屬於他們。

　　教育者真正的學校是作為家庭教師，教授一或兩名年齡差不多的學生。從事教育這項藝術工作的人一定要在黑暗的、狹小的空間裡開始工作，可能起初他會覺得自己與世隔絕，但是用不了多久環境就會變得光明和開闊，於是他找到了整個教育學，用教育學提供的一切條件和理由來滿足那些要求是一件真正的、無可估量的工作。他還需要很博學，這樣他的學識必然會融合在眾多的知識中，他便可以從中挑選對他的學生最合適的內容。同時他還應該是兼具強硬和溫和的。於是，他一定會認為，他應該具備的，讓他完全能夠控制託付給他的孩子們的各種情緒的這種強硬與溫和是非常理想的。具備一切必要的環境和財產的房舍對他而言異常重要，只要它還可以發揮正向的輔助作用，他必須想著輔助作用中還缺少些什麼，好透過學習設法弄到它們。

　　這樣，一個真正教育者的教育就開始了，教育從這裡出發，將順著一條筆直平坦的道路走下去，事實上正是在很多

第八章　論大眾參與下的教育

由實施教師指導的天賦不錯的年輕人當中發展著,他們曾經受到家庭教師的指導,而且還願意接受他們的指導。但願可以在這條道路上看到一個目標,它能夠激勵人們奮發向前,而且為它付出極大的努力是值得的。不過我們的家庭教師們今後會是怎樣的?他們的前途又會是怎樣的呢?有哪些希望呢?我指的不是收入方面和體面的社會地位,因為這兩點都不缺少,而是指的一個教育學的作用範圍,在這個範圍裡他們能夠更廣泛、更好地利用作為教育者已具備的藝術和力量。應該讓他們成為學校教師嗎?然而學校並沒有得到發展,反倒只是更加限制了教育行為,並無法和個體相結合,因為大批學生要出現在某些課堂上;它無法使用各式各樣的知識,因為教學計畫已經對每位教師該上哪幾門課做好了規定;它讓仔細的引導成為不可能,因為它對教師有這樣的要求:應該密切地注意學生,不管什麼情況,都應保持教學的井然有序。

恰恰是因為在教育藝術上沒有大師的位置,所以大師級的技藝也就很難產生了。雖然眾多藝術家孜孜不倦的努力最終能夠促使這種位置的產生是無法否認的,然而那是只有當他們能夠找到一個真正懂得他們事業價值的環境時才有可能的。此外,我們也無法否認,如果所有的學校設施都能朝著這個目標而努力,如果大眾可以為學校提供必要的支持,那

麼教育部門也許能夠為教育學發揮作用提供一個比現在更好的舞臺；然而這一切都有一個前提條件，那就是一個普遍傳播開來的教育學精神。但是如果這門藝術無法顯示其真正的光輝，也就是說成果無法顯示出來的話，這種精神也就很難產生了，而我們也正在尋找的，也就是讓這門藝術顯示其光輝的條件。

我多年來總在思考一個問題：一個有過教育和培訓經歷的教育者，在多年的教學生涯之後，為了可以完全專注於這門藝術，該為自己設立一個怎樣的立足點？應該是怎樣一個立足點，才可以對那些還在接受預備性訓練的年輕的家庭教師們構成吸引力，可以讓他們努力去獲得它？環境應該是什麼樣的，才能讓對個體的細膩教學不會被因學生太多而受影響，應用廣泛的知識不會為規定的教學計畫所限制，才能免除人們一般會對家庭教師有的博學的要求，好讓他們可以完成某些學科完整的教育，並得到這些學科專家的指導？家庭教師和學校教師之間應該是怎樣的一種關係？家庭教師一般沒有受到國家的重視而從屬於家庭，而學校教師則過於疏遠家庭，只對國家負一定的責任，作為大眾人物的他們而喪失了作為藝術家生活的自由。

城市和小村鎮介於國家和家庭之間的是，它們直接組成部分是家庭，而眾多的家庭結合起來又構成了國家。城市和

第八章　論大眾參與下的教育

　　村鎮的問題我也曾思考過。生活在某個村鎮的醫生被召喚到居民家中，因為人們知道會出現危急，而醫生預示著會將這種危急化解。人們就像請這些家庭醫生一樣，將城市裡能夠找到的教育者請到家中，如果人們懂得該怎樣更好地評價一種錯誤設計的青少年教育造成的危急的話。無非是教育者的工作不像醫生的工作那樣不連貫，而是經常性的，還是永久性的，或者說有些像醫生經常要看的慢性病，如果沒有突然的危險造成的疾病，教育者就這樣去拜訪可以提供給他的家庭。如同醫生開處方，教育者也安排著學習與練習；如同醫生要求或禁止病人戶外活動、要求病人去別的氣候環境下旅遊，教育者也會規定學生該和什麼樣的玩伴來往，並將或緊或鬆的必要的監督範圍說明。

　　也許可以幾個家庭聯合起來，這樣可以確保一名教育者能夠獲得大部分工作，而不必為此簽訂契約。還有更好的辦法，就是教育者自己組織幾個適合一起教育的家庭連同他們的孩子起來。當然教育者本人是無法所有的內容都教授的。他可以答疑，可以引導學生做書面練習，而講授大部分科學知識的任務則交給公共學校，他要做的只是確定託付給他的學生應參加哪些課程的學習。而學校可能也會放棄讓每一個學生去學習嚴密連繫在一起的課程。現在，這是一種必要的規定，然而它之所以這樣，是因為缺乏那樣的教育者，因為

那些沒有經過準備和篩選的學校必須採用的內容，如果沒有這種條件在一定程度上是教不下去的，如果學生們由那些教育者挑選、培養和支持，那麼他們在學校的學習效果會遠比現在好。人們要求教師在某些專業上具備完整的知識也是有理由的，它們彷彿能夠更純粹地與教育中的熟練和謹慎區分開來，而正是後者構成了教育者必備的首要的美德。如果我們實現了期望的家庭和教育者之間的相互影響，那麼在整個村鎮中教育最終會得到何等程度的傳播，而全體家長也將學到何等多的內容，他們履行自己的義務將會是何等的認真！

所以，作為地方事務，教育應該既是公共事務，同時又是家庭事務，而且應該結合經常談論的兩種方式的優點。在大城市裡，應該作的是開始作出這樣的安排，在小城市裡則是可以繼續進行這樣的安排，而在鄉村，不僅不能推廣這樣的安排，還也不應該推廣由此而激起的對教育學的思想。我們用不著這種教育學思想指明道路，它自己會找到它的。

第八章　論大眾參與下的教育

第九章
論學校與生活的關係

第九章　論學校與生活的關係

現在盛大的百年慶典已過去了，這一盛典讓過去的一年顯得熠熠生輝，這一豐富多彩的慶典現在還能激起我們每一個人的回想。很奇妙的是，學校正趕上這一偉大的時刻。它們回憶起路德（Martin Luther）曾帶給它們的，還有他對它們寄予的希望。這種思想讓它們感到高興，即宗教改革就本身部分來說，曾具有廣義上的學校的作用。不可否認的一點是，科學的重建是最偉大的事件，其中教堂的革新成為最大的亮點。那些發現自己能夠閱讀和理解神聖文獻的人會感覺自己有點高貴，這種感覺和他們說，他們用不上僧侶統治集團的解釋，就像不用擔心被逐出教門，並祈禱獲得赦免一樣。

正是這種自我感覺在學校中一直保持到我們現在這個時代。在這裡，不斷擴展著深度和廣度的語言學、歷史學還有一些輔助學科關注著永遠不能再讓無知變成未成年人的幼稚，變成一種勉強的、為了自身利益監護人無可奈何要忍受的東西。在我們這裡，另外一種更高階的語言學藝術正變成現實，對我們而言，這本厚厚的書自然也不再完全無法理解，為了從各個方面探索世界的規律，各種形式的觀察、計算研究競相展開。誰敢斷言，這些努力是都失敗了呢？誰敢視而不見伽利略（Galileo Galilei）、哥白尼（Copernicus）、克卜勒（Johannes Kepler）、牛頓（Isaac Newton）、拉瓦節（Antoine-Laurent de Lavoisier）、戴維（Humphry Davy）的成

就呢？對此還可補充的例子有很多，不過前面列舉的這些已足以引起人們的回憶。學校應當欣喜地看到它自己的影響力。如此，這種普遍的喜悅之情就會響徹整個時代，那個由於為人們重新贏得思想自由而獲得最早的和最多的感激的人，也是可以感受到這種喜悅之情的。

所以，現代適合再次討論學校與生活之間的關係這一老生常談的話題。這並不是因為談什麼新東西，而只是因為那些時而這樣時而那樣的見解動搖著剛揭示不久的真理，並打破了剛剛建立起來的秩序，有時讓人認為回顧已有的認知，並將其用另外一種語言表達出來是有好處的。

「不是為學校而學習，而是為生活而學習」，這句古老的格言可能引起矛盾，不過也許可以敦促我們去追問，什麼地方才能發現真正的生活，是不是在於工作與休息、愉悅與痛苦的不斷交替，或者在於對現存事物的觀察、對善與美的觀察、對時間的超越、對永恆真理的追求，就像只要人類本性允許的話，學校應當做的那樣。不過我們要注意避免誇張！有人讚揚永恆，然而他們並不清楚時間的價值。一切機會都是暫時的，包括高貴的人類影響現存事物的機會，也包括點亮激起那些沒什麼個性的年輕人胸中的崇高欲望的火光的機會。人類為了發展和培養自己是需要變化的，人類必須探索自身，同時世界也要探索人類，因為只有在行動和忍耐之

第九章　論學校與生活的關係

中,人的獨立性才能表現出來,這種獨立性在其存在之後才能堅決又持續地抵擋住內心的任何劇烈變化。所以我們不應當以貶低生活為代價來讚美學校。學生應該成為一個真正的人,生活則是在和學校相對立的層面上造就了人。學校中那些聰明的人就是透過生活成人的。他們必然會變化和糊塗,也必然會忍受某些困境,除非他們現在已經擁有了安全的住所,他們能夠在這裡開始研究曾考驗過他們的時代。當然那些已擁有安靜住所的人應當感到自己是幸運。並不是所有的安靜都可以讓我們不思變化,準確地說,也有一種無聊的、讓人忍受不了的安靜,在空閒時是可以感覺到這種安靜的,它就像小刺一樣,敦促人們去改變環境。誰如果熟視無睹了生活中的不同刺激,誰要是在工作或享受上花掉了所有的精力,那麼他一個人的時間稍長一點,就會連自己也認不出了。對他來說,其內在的生活與外部生活一樣凝固了。他無非是一個學校裡的人所不需要的世界。

所以從學校進入生活,再從生活進入學校,這也許是一個人可能走的最佳的道路了。不過要是情況不允許這樣,如果按照社會的不同形式,學校裡的人與俗世的人成為了兩種明顯不一樣的人,他們是無法相互交換自己的位置的,那麼我們能不能證明一種人就比另一種人擁有更加明顯的內在優勢呢?這顯然很難!因為正是在二者的共同努力下,一個雙

重的同時又彼此連繫的社會才得以構成並有效地將其維持下去。就像在人類關係中總會出現的那樣,有了分工以後,每一個人都需要依靠他人,需要他人來彌補自己職業的不足,這樣將讓這種職業不會孤立地前進,成為無用的碎片。

要是世俗者同時也是政治家,那麼毋庸置疑,他自然會獲得外在的優勢,這是因為國家比學校優先。那麼怎樣才能讓國家在其存在之後有所自律?由於其本性,它一定要讓別的一切東西都為自己所控制。人們是從它所具有的權力才了解國家,而了解政治家,則是透過經過他而得到行使的那一部分權力來完成的。不過在一塊土地上的權力是唯一的,而相互對抗的多種權力將會帶來戰爭,即使這種戰爭也許只是一場漫長的、祕密的戰爭。

人們會產生這樣的疑問哪種權力才是最強大的,而對權力的優越地位的懷疑影響越來越大,即它否定權力,並順帶也否定了國家。如果學校對後者的特性並不是一無所知的話 —— 它也並不是缺乏國家的智慧 —— 那麼對於它與國家的關係它就會這樣看 —— 看起來這種關係就是一種隸屬性的關係,如果國家發布的命令學校就聽從,前者容忍不了的後者就要避免。不過這僅限於眼下的、個別情況下的決定,另外一種關係則隱藏很深的地方。誰要享受大地的果實,他就一定要注意別毀了正在變綠的田地,因為任何當權者的命

第九章　論學校與生活的關係

令都取代不了大地的慷慨恩賜，只要不去弄一些人為的阻礙。精心挑選出來一顆種子灑在未經開墾的土地裡也是有可能的，種子發芽、生長、開花、結果，這必須耐心等待，靠命令是無法實現的。這種應用是顯而易見的。如果國家明白它是多麼的需要學校，那麼當它在監督下實施外部的影響時，它會盡量避免干擾其內部活動。然而國家對學校的需求是如此之大，又是如此之緊迫。什麼讓學校對國家變得非常重要，任何曾經嚴肅地提出這個問題的政治家都不會選擇無視這些：一切的權力、國家命令的一切效力，都是建立在什麼基礎之上呢？王室據以統治的權杖究竟是長在什麼樹上的呢？統治權是天生的嗎？這種必然性的真正根源是否是某種超人的力量、強壯的體格？是透過什麼，把行為和苦難和強權者的暗示和語言連繫在一起呢？所有這些都沒有結論！正是這種觀點，或者準確地說是人類奇妙地編織出來的觀點，覺得有些東西像神經系統一樣，生長在了統治者的身上，然後讓肌肉像很多的僕人順從它，讓思想像很多不同的侍者順從它。正當他一般還在懷疑自己是不是想要，或者究竟想要什麼的時候，他們就已經把他的使命完成了。這就像人的軀幹也會服務於他的思想，只要精神狀態穩定，一個人就可以同時分身百段；然而他只要病倒了，這種奇蹟就會停止，而又會出現另外一種完全相反的奇蹟。當見解生病之後，在

國家中同樣會出現這種相似的情況。所以,熟悉這一祕密的偉大統治者們會謹慎地提出見解來。當他們運用鐵製權杖來統治的時候,他們往往把真實與虛幻混為一談,為的是人們保持這樣的思想,對統治者俯首帖耳。誰能不想到拿破崙(Napoleon Bonaparte)還有公共輿論機構呢?誰能忘記皇家大學呢?它只是一所戴著枷鎖的學校而已;誰能忘記那些過去的作家們,他們都進入了皇家領地,他們像沒有生命的土地一樣被利用,壓根不曾考慮過自己不朽的生命。所以,國家想要控制學校,因為它明白學校對思想觀念的影響有多大,並由此而無形地對權力行使條件的影響會有多深!不過學校並不情願接受控制,至少是不願被國家控制的。因為它是非常古老的,而國家往往非常年輕。相對於學校的年齡來說,最年長的統治者的年齡也不過是童年罷了,而即使是最古老的統治家族的年齡也只是年輕人。國家裡的人在不斷變化,而在學校裡不一樣,即使表面上思想觀念在變化,不過實質上的思想觀念的根和軀幹還保留了大部分。所以,一種頑強的力量在學校裡發揮著作用,國家能夠部分利用或破壞學校造成的結果,然而它卻無法改變它的本質。這方面已說得足以提醒大家在國家與學校之間,由於後者對思想觀念的影響,兩者之間是一種相互依存的關係,國家要想強行控制這種依存性只能是白費工夫。

國家圖書館出版品預行編目資料

現代教育學之父赫爾巴特的「科學教育論」：明瞭與聯想、系統與方法、興趣與德育、個性與社會，十九世紀最具影響力的教育思想 /[德] 約翰 · 弗里德里希 · 赫爾巴特（Johann Friedrich Herbart）著，王曉晶 譯 . -- 第一版 . -- 臺北市 : 崧燁文化事業有限公司 , 2025.07
面 ; 公分
POD 版
譯 自：The application of psychology to the science of education
ISBN 978-626-416-647-8(平裝)
1.CST: 赫爾巴特 (Herbart, Johann Friedrich, 1776-1841) 2.CST: 學術思想 3.CST: 教育哲學
520.147　　　　　　　114008392

現代教育學之父赫爾巴特的「科學教育論」：明瞭與聯想、系統與方法、興趣與德育、個性與社會，十九世紀最具影響力的教育思想

作　　　者：[德] 約翰 · 弗里德里希 · 赫爾巴特（Johann Friedrich Herbart）
翻　　　譯：王曉晶
發 行 人：黃振庭
出 版 者：崧燁文化事業有限公司
發 行 者：崧燁文化事業有限公司
E - m a i l：sonbookservice@gmail.com
粉 絲 頁：https://www.facebook.com/sonbookss/
網　　　址：https://sonbook.net/
地　　　址：台北市中正區重慶南路一段 61 號 8 樓
8F., No.61, Sec. 1, Chongqing S. Rd., Zhongzheng Dist., Taipei City 100, Taiwan
電　　　話：(02) 2370-3310　傳真：(02) 2388-1990
印　　　刷：京峯數位服務有限公司
律師顧問：廣華律師事務所 張珮琦律師

-版權聲明-
本書版權為出版策劃人：孔寧所有授權崧燁文化事業有限公司獨家發行電子書及繁體書繁體字版。若有其他相關權利及授權需求請與本公司聯繫。
未經書面許可，不得複製、發行。

定　　　價：299 元
發行日期：2025 年 07 月第一版
◎本書以 POD 印製